U0739748

君子十讲

赵冰波 著

河南人民出版社
·郑州·

图书在版编目(CIP)数据

君子十讲 / 赵冰波著. —郑州 : 河南人民出版社, 2024. 6

ISBN 978-7-215-13373-0

Ⅰ. ①君… Ⅱ. ①赵… Ⅲ. ①中华文化-通俗读物 Ⅳ. ①K203-49

中国国家版本馆 CIP 数据核字(2023)第 202530 号

河南人民出版社出版发行

(地址:郑州市郑东新区祥盛街 27 号　邮政编码:450016　电话:65788055)

新华书店经销　　河南瑞之光印刷股份有限公司印刷

开本　890 毫米×1240 毫米　1/32　印张　5.75

字数　141 千字

2024 年 6 月第 1 版　　2024 年 6 月第 1 次印刷

定价:29.00 元

前　言

孔子说:“学而不思则罔。”这句话让我受益匪浅。

我不时地想:君子的品格酷似梅兰竹菊,他们本来风马牛不相及,为什么会相似相通呢?君子的诚信是社会规则的凸显,既然天人合一,诚信也是大自然的规则吗?君子在家尽孝,在国尽忠,不是孝子能成为忠臣吗?君子风骨气贯长虹,是中华精气神灌注了君子风骨吗?君子风骨与贵族精神有着本质的区别,这是不是由东西方不同的思维方式来决定的?古代君子的养成几乎都离不开家规、家训的熏陶,那么怎样才能让优良家风成为现代共产党人防止腐败的良药呢?……

这本书是一篇命题作文。2018 年的一天,河南人民出版社副总编辑蔡瑛老师给我打电话,出了一个题目《君子十讲》,要求从古代君子入手,在现代共产党人落脚;漫谈传统文化,兼论当代风情;不能学术式论证,不能宣传样图解;要古今外一览,文史哲融汇,老少咸宜,不拘一格。

经过数天思考,我的创意是:既有老调重弹,老调子要弹出新意;更有任性设题,东拉西扯,自由发挥。比如老话题“忠”与“孝”之关系。孝是爱父母,忠是爱国家,我们现在的价值观特别强调爱国。问题来了,儒家仁爱的发展路径是由血缘远近亲疏决定的,孝是忠的源头,忠是孝的延展,不爱父母怎么会爱国家?如果孤立地说爱国,对孝有点淡然,这就是无源之水、无根之木了!付出了很多劳动,结果会什么样呢?

比如老话题君子风骨与贵族精神之区别。有人说它们都是指有担当不怕死,大体等同,有人说主要区别是中国君子平民居多,也有人说西方贵族行事全凭个性,中国君子更讲究道义。实际上东西方不同的山川河流、人文历史分别孕育出了君子风骨和贵族精神,君子和贵族的言谈举止无不打上了各自的思维方式与价值观的烙印。

比如新议题为什么君子迎娶淑女最相宜?君子的品性有父母遗传的优势,有社会教化的功劳,也少不了贤妻的辅佐。男人与女人各是一半,组成家庭的两半不仅要血肉相连,还要气质、境界、性格和心态或相投或相补或相容,不能因鸡毛蒜皮弄得鸡飞狗跳,不能因无端猜忌弄得寻死觅活,更不能因蝇头微利的蛊惑让另一半铤而走险。君子与淑女是最佳搭档,夫妻灵肉结合,君子的优良品行才能最充分彰显。

比如新议题东方圣贤和西方高哲的PK。有些人很喜欢用西方价值标准审视中国的国情,很喜欢用西方哲人的话语傲视中国的经典,殊不知,一方水土一方人。西方哲人在被高山阻断、大海环绕的古希腊土地上创造了逻辑思维、独立自由民主的价值观和多样化的政体制度,中国圣贤在土地辽阔人口稠密的中原大地创造了整体思维、群体和谐的价值观和家国一体的中央集权。赤道的火热融化不了南北极的冰川,大西洋上空的航线坐标不能引领太平洋上空的飞机。行什么制度,走什么道路,不能普世,不能照搬。

谈论君子也就是谈论君子文化。文化的范畴十分宽泛,包括经史子集、神话寓言、民间故事、戏剧小说等。因此,这本书里的论证，正史、野史、杂史都有，小说、戏剧、影视散见，君王、将相、平民，他们叱咤风云，他们悲欢离合。

君子话题既古老又时尚，君子人格既是中国封建社会文人士大夫及寻常百姓生活中的道德高标，又是当今社会共产党人践行理想信仰必备的基本素质。我写这本书的初衷是让古今中外穿插，从多层面多角度来建构，让文史哲贯通，顺其自然地解说；要峰峦叠嶂气象万千，要黄河奔流波澜壮阔。

当然了，这只是一种追求，只是一个梦，一个童话般的梦。有梦就好，没有梦就没有了追求，没有了追求，一切都成了浮云。《浮士德》里，浮士德为了追求新生活，与魔鬼签署了契约，魔鬼为他提供机遇，供他施展，他一旦满足了，灵魂就要被魔鬼收走。之后浮士德享受了爱情的甜蜜、奋斗的快感，立了大功，建了伟业。他终于陶醉了、满足了，放声大喊："你真美呀，请你停留一下。"说完应声倒地，眼看灵魂要被魔鬼收割。《唐小西在"下一次开船港"》里，唐小西总是玩不够，作业老是留到下一次再做，结果气跑了时间小人，他在灰老鼠的撺掇下来到了"下一次开船港"。这里没有时间，一切都停滞了，一切事情都做不成。他终于意识到时间的重要。我写这本书，虽然是随意漫谈，看起来很简单，里面却有不少地方超越了我的学识和修养的上限，深感驾驭乏力，我不敢彷徨，只能一边学习一边思考，奋力前行。

原计划写两年，实际上写了差不多四年，这当中，既有事务缠身没时间停下来构想的无奈，也有别事揪心有点无心写下去的惶惑；既有"二句三年得，一吟双泪流"的艰辛，也有猿声啼不住，轻舟过万重的爽快。最终的完成离不开家人的支持、蔡瑛老师的嘱托和责编林子老师的鼓劲儿。

这本书的行文风格似乎有点乱，不够精致严谨。我是这样想的，我手写我口，只要遵循内容的需要，怎么表述得劲儿就怎么写。好比一张水墨画，看似不成章法、随心所欲，内中自有沟壑与气象。

这本书虽然写作时间很长，但我体味到了我手写我心的快意，综合运用了随笔、杂文、论文等体裁，以十讲的篇幅，写出了我对君子人格的理解与思考。

恳请方家多多指正。

赵冰波

2022年7月26日于郑州

目　录

引　言

天地自然的形貌，大小有别，高下错落，刚柔相济，立体多彩。有高山与峡谷、荒漠与绿洲、冰川与地火、寒冬与暖春，万景千图、万籁千声，都洋溢着对立统一的韵律。

万物是天地所化育，天为阳地为阴，所化育的万物也必然是凸凹相谐，既有参天树冠又有伏地草芥，既有威风狮虎又有温婉鹿羊，既有在长空疾如闪电的鹰隼又有在深海瞬间位移的旗鱼。大小强弱、飞走游爬、食草食肉、吃与被吃等，构成了环环相扣的生物链，构成了精彩纷呈的自然界。

人是万物高标，吸纳天地的灵秀，必然被打上天地化育的烙印。有道德君子就有龌龊小人，有帝王将相就有草根百姓，有忠臣正义就有奸佞邪恶。君子与小人并辔，帝王与百姓相依，正义与邪恶共存……在中华历史的演进中，君子逐渐地彰显，成为高大上的代表，凝聚了仁善、正直和阳光，囊括了社会各层面的志士仁人。君子队伍不断地壮大发展，成为中华民族生生不息的血脉。

一、君子五色，溢彩流光

古往今来,君子的大名熠熠生辉,官府倡导君子人格,志士仁人追寻君子风范,在老百姓心中,君子更是代表着真善美。那么,什么人才配有“君子”的美称?君子又是怎样产生的呢?

(一)君子是谁人

1. 市井看君子

京剧《女起解》中,名妓苏三遭人诬告被判了死罪,解差提解苏三去太原复审,在途中,苏三向街头围观的群众诉说自己的遭遇:“苏三离了洪洞县,将身来在大街前。未曾开言我心好惨,过往的君子听我言。哪一位去往南京转,与我那三郎把信传……”君子是什么人?在苏三的眼里,君子就是好人,好人具有善良、正直、乐于助人、说话算话的品质,心眼不好就没有恻隐之心,言而无信就不会帮忙给三郎传话讲真情。

苏三口中的“君子”就是中国老百姓眼里的好人,好人说话做事有着千差万别,但大都是正直规矩、与人为善。

中国《二十四孝》里有一篇《芦衣顺母》,讲孝子闵损幼年丧母后,父亲再娶妻又生了俩弟弟,闵损遭后娘虐待的故事。寒冬大雪飘飘,后娘给弟弟们穿棉袄,给他穿的是填充芦花的假棉衣,闵损双手冻僵了不能干活，被父亲鞭打，一鞭子下去，“棉衣”绽开，露出来芦花，父亲这才知道真相，立马要休妻。这时候，闵损没有煽风点火，反而边哭边劝说“母在一子寒，母去三子单”，对后娘以德报怨。在老百姓心里，闵损就是一个好人，是一个君子。

一次，北齐高祖大宴群臣，酒酣耳热时，高祖让大家唱歌取乐。丰乐唱道：“朝亦饮酒醉，暮亦饮酒醉，日日饮酒醉，国计无取次！”像这样天天饮酒作乐，国家财政就危险了。高祖赞扬道：“丰乐不谄，是好人也。”[①]说丰乐这人不逢迎拍马，是一个君子。

电视剧《渴望》的片头曲叫《好人一生平安》，好人宋大成，老实憨厚、做事勤恳，一直真心帮助邻居刘慧芳。

在金庸笔下，郭靖对朋友那是掏心窝子的好，他待“仇人之子”杨过如亲子。女儿郭芙砍断了杨过的一只胳膊，郭靖第一反应就是要砍掉女儿的手臂。杨过的爹的死与妻子黄蓉有关，于是，在蒙古大营，郭靖就孤身对抗金轮法王、潇湘子和尹克西三大绝顶高手，为保护杨过以命搏命。郭靖是君子，他将心比心，是“已所不欲，勿施于人”的典范。

无论是北海牧羊 19 年汉节不改的苏武、宁可饿死也不吃美国救济粮的朱自清，还是一辈子做好事的雷锋，都是老百姓心中的好人，他们诠释着君子的大爱，都能够让人心和暖。

君子最突出的特质是一个“和”字。君子能让他人和顺，让四周和睦，让社会充满和暖之气。“和”是自然之道，也是处世之道，君子说的、做的都贴近自然之“和”，如润雨，如暖阳，如熏风。在传统文化里，不少成语警句的内在意义都把君子与“和”相连。譬如：“君子如玉”，君子像玉石那样润和养人；“君子坦荡”，君子的

---

① 段成式：《酉阳杂俎·续集卷四·贬误》。

心胸平和宽容；“君子之音，温柔居中”①，君子弹奏的琴音雅正柔和。在日常生活中，不少美的事物都直接或间接地以君子冠名。譬如：玉箫，音色圆润、轻柔、低沉、淡远，像君子一样不事张扬；竹箫由竹节制成，竹可焚而不可毁其节，大有君子之风；君子兰，优雅高洁，摆上一盆君子兰能够令满室绿意幽香袭人，如君子一样温馨普惠众人；“四君子汤”更接地气，是以人参、白术、茯苓、甘草四味中草药为主的方剂，能够扶正、中和、益气、补虚，不分老幼男女，都可以饮用。

2. 方家话君子

老百姓分辨君子是根据主观感觉，没有过多理性的七七八八，文人谈论君子则是从理性提升归纳。

1979 年出版的《辞海》这样解释君子：“西周、春秋时对贵族的通称。”先秦的贵族君子多指好人，是不是好人、是不是君子主要看大节，没有过多的修身细节限定。例如，魏国信陵君魏无忌、齐国孟尝君田文、赵国平原君赵胜和楚国春申君黄歇是著名的战国四君子，为了抵抗外国入侵、挽救本国危亡，他们礼贤下士、广招宾客，以国家利益至上、个人荣辱为轻，上演了一幕幕精彩好戏，“窃符救赵”“毛遂自荐”“鸡鸣狗盗”等成为美谈。

在文人眼中，君子常与“小人”或“野人”对举。《孟子·滕文公上》讲：“无君子莫治野人，无野人莫养君子。”意思是没有贵族官员就无法治理百姓，没有百姓就无法供养贵族官员。

从孔子开始，君子渐渐地走向了平民化。他在《论语·季氏》里详尽地论述了君子的特征：“君子有九思：视思明，听思聪，色思温，貌思恭，言思忠，事思敬，疑思问，忿思难，见得思义。”意思是君子必须思考九件事：看得准，听得清，脸色温和，神色谦恭，说话

① 《孔子家语·辩乐解》。

忠厚，做事认真，有疑问就请教，发火时要想后患，有利益时要想是否符合道义。

“九思”的君子标准内涵丰富、几近完美，上承圣贤君子，下启平民君子，成为儒家社会倡导的一种人人都可以追求的理想人格。孔子的学生颜回就是一个平民君子，他“一箪食，一瓢饮”在陋巷，安贫乐道。

随着历史的发展，君子与小人成为“有德者”与“无德者”的称谓，没有了身份地位的差别。王安石在《君子斋记》里讲：“故天下之有德，通谓之君子。”“有德者”一言囊括了君子的本质与外延，所以，之后的君子既有功名显赫的，也有在草莽拼杀的。像戊戌六君子中的杨深秀和刘光第是进士出身，而康广仁自小就鄙弃八股科考，可他们都能够为了变法从容就义。

从市井眼里的“好人”变成方家定义的“君子”后，好人还是原来的人，却立马显得高大，好比赤脚医生穿上了白大褂，庄重有光彩。

有人将君子人格与贵族精神比较，认为中国的君子就是西方的贵族，这样比较好像不妥。西方的贵族产生于欧洲，中西方的自然环境、社会环境、生产方式、政体制度、思维方式和文化价值观都不同，中国君子与西方贵族应该各有表里。两者相似处是有不少，不过西方贵族产生于上流社会，他们的恻隐、责任、风度很大程度上来自门第的荣耀和良好的教养，中国君子多是文人士大夫及平民百姓，君子人格是儒家社会的共同价值追求。彼此的分野很多，尤其是思维方式与民族文化的烙印，鲜明深刻。

（二）群体多面多彩，气质鲜明突出

1. 群体多面多彩，君子纵横古今

君子涵养于社会各层，以先哲与平民、文人与侠士、将相与走

卒等不同的面貌出现，君子的地位有高下雅俗之分，君子的人格则处于一个层面，占领着道德的制高点。他们在不同领域、不同环境、不同层级中释放出巨大的引领效果。

《曹刿论战》中说："肉食者谋之，又何间焉？"一句话道出了先秦少数贵族执掌权柄的现实。"家天下"的王位世袭，让贵族的名号、爵位、财产等靠着血缘关系"肥水不流外人田"。因此，先秦的所谓君子都是贵族中人，先秦的君子寥若晨星。孔子提倡的君子标准，尽管高标峭拔近乎圣贤，由于明确地提出了平民也能成为君子，很快就成为儒家文化的价值认同，君子人格很快就成为儒家社会的理想追求，所以儒家社会才能够君子辈出，尤其是唐宋以来，随着科举发达，市民阶层的发展和儒学成为官方哲学，君子源源如雨后春笋。他们分布于各个领域，呈现立体多元的状态，正因为活跃于各个层面，才成为时代先锋、社会楷模，成为中国历史长河里的一颗颗恒星。

我们走进历史画廊，那么多熟悉的人物迎面而来，一眼眼看过去心潮起伏。柳下惠坐怀不乱，颜回安贫乐道，伯牙摔琴谢知音，司马迁遭宫刑含垢忍辱发愤写《史记》，诸葛亮鞠躬尽瘁，陶潜不为五斗米折腰，张巡守一城捍天下，包拯铁面无私，岳飞尽忠报国，文天祥留取丹心照汗青……其中有名将贤相，有书生孝子，有史家廉吏，有琴师圣人[①]，更包含了不止一位英雄。可他们的一个突出的符号就是君子，守信重诺、孝亲爱国、方正仁义是他们的本质。他们是君子画廊的浓墨重彩，名字像黄钟大吕，身形如泰山北斗，辐射同日月光华。

《庄子·盗跖》里讲了一个故事："尾生与女子期于梁下，女子不来，水至不去，抱梁柱而死。"意思是鲁国民间有个叫尾生的人，

---

① 《孟子·万章下》："柳下惠，圣之和者也。"

非常守诺。有一天他与一个女孩儿相约在桥下,女孩儿因事情耽搁了久久不来。这时狂风大作暴雨突袭并引发了河水猛涨,面对洪水,尾生守诺不肯离去,最终,抱着桥柱子被河水淹没。尾生是一个真君子,后人遂用“尾生之信”“尾生抱柱”比喻君子恪守承诺的节操。陆游重游沈园时,触景想起与唐琬的悲剧,感慨尾生抱柱之约,不由得发出“伤心桥下春波绿,曾是惊鸿照影来”[1]的感叹。

君子多从民间走来。颜回身居陋巷,诸葛亮躬耕南阳,张巡好学无所不读,伯牙抚琴高山流水,岳飞从小家贫,捡柴火点亮当蜡烛读书通宵达旦。君子扮靓了历史,立体多姿的君子风范构成了霞光万道的君子群体,君子在中华大地上纵横,君子品质涵养了我们的传统价值观,淬炼着民族精神的筋骨,砥砺着中国人民前行。

现代君子也五光十色,他们更具有时代的共性。闻一多、李公朴、江竹筠、夏明翰等革命英烈,面对敌人的威逼利诱,大义凛然,视死如归。“砍头不要紧,只要主义真。杀了夏明翰,还有后来人”,是他们的精神支撑,是君子忠义之心的发展;钱学森、童第周、师昌绪、华罗庚等著名科学家,克服重重阻挠,从海外归来,为中国科学技术发展倾尽一生。“我姓钱,但我不爱钱”是他们共同的心灵写照,是君子重义轻利本色的发展;雷锋、焦裕禄、杨善洲、甘祖昌等,心里装着人民群众,唯独没有自己,是他们共同的胸怀,是古代君子仁者之心的发展。这些现代君子,脚步铿锵踏实,说话掷地有声,站着是一面面旗帜,躺下是一座座丰碑。

2. 气质鲜明突出,君子各显风流

就形态表象看,君子的群体赤橙黄绿、百花齐放,就内涵气质

---

① 陆游:《沈园二首》。

看，君子的群体也是个性突出、亮丽鲜活。

金庸笔下的张无忌重义守信，宁可人负我，不能我负人，是十足的儒家君子。在红梅山庄，张无忌与朱九真推心置腹而受骗，被朱九真的父亲朱长龄逼得投崖；为报答小时候周芷若的舟中喂饭之情，他几次遭其暗算仍以德报怨；光明顶上为保护明教力抗六大派，他明知不可为而为之才身负重伤。令狐冲也是大侠君子，也尊师重道义字当先，不过他没有沉甸甸的使命感，活得洒脱无拘，有道家逍遥的影子。比如他和叫化子喝酒，用师傅教的气功，乌龙吸水般喝得一滴不剩，把叫化子骗得目瞪口呆。

小说里的形象是虚构的，生活中的一个个君子才是真正的风景。

书卷气算是一道风景。

有的是翰墨飘香。如钱锺书：1927 年钱穆的《国学概论》请钱基博作序，年仅 17 岁的钱锺书替父亲操刀，一气呵成字字珠玑；1929 年钱锺书以国文特优、英文满分的成绩考进清华大学外文系；1935 年以公派第一名考入牛津大学英文系。钱锺书先生是一位学贯中西的鸿儒。画家黄永玉回忆说，有一次他接到任务创作绘画《凤凰涅槃》，为找凤凰涅槃的出处差点难为死他，查遍了《辞源》《辞海》《中华大辞典》《佛学大辞典》以及民族学院、佛教协会、人民日报社资料室后一无所获，而钱先生在电话里对他说“你去翻翻中文本的《简明不列颠百科全书》，在第三本里可以找得到”，一下子就帮他脱了困。[1]

有的是创立经典。如北宋哲学家张载：“乾称父，坤称母，……民，吾同胞；物，吾与也”[2]，发展了老庄的天人合一价值

① 黄永玉：《比我老的老头》，作家出版社 2007 年版，第 18 页。

② 张载：《西铭》。

观;“为天地立心,为生民立命,为往圣继绝学,为万世开太平”①,道出了儒家君子心系苍生胸怀高远的境界和价值追求。

有的是智珠在握。如诸葛亮:上知天文下懂地理,擅揣人心,草船借箭,制造木牛流马,奠定三分天下。书卷气是这些人的气韵外溢,智慧道德是他们的价值结晶。

家国情是另一道风景。

修身、齐家、治国、平天下是儒家的处世准则,家与国是儒者的主场,家国情怀是儒家君子思想与情感的聚焦。无锡东林书院有一对联:“风声雨声读书声,声声入耳;家事国事天下事,事事关心。”这堪称儒家君子行事的座右铭。我们极目远眺,饱含家国情怀的先辈们熙熙攘攘:周恩来总理为中华崛起读书,为中国人民鞠躬尽瘁;鲁迅用他的如椽大笔为妇女儿童呐喊,为建设五四新文化战斗;新中国成立后,无数的爱国知识分子远涉重洋回归祖国,这是爱国热血的沸腾,是家国情怀的张扬。

朱自清的家国情表现在正心修身,他不断地三省吾身。在《儿女》里检讨对两岁的女儿阿菜体罚粗暴;在《给亡妇》里说,“你的身子本来就坏”,“为了我的劳什子书也费了不少神”,“你换了金镯子帮助我的学费”,对亡妻“谦”充满了深情与愧疚。这些生活琐碎的反省都源于他严格的道德律。正是因为道德律,在秦淮河的游船上歌妓让点歌时他才手足无措;正是因为克己守律,追求道德高标,关键时候他才宁可饿死也不吃美国的救济粮。

浩然风当属第三道风景。

浩然风,指正大、刚直、宏伟的风韵,《孟子·公孙丑上》这样解释,浩然之气“至大至刚……塞于天地之间”。有浩然之气的人多至刚至烈。在长征路上惨烈的湘江战役中,红三十四师为掩护

---

① 张载:《横渠语录》。

大部队转移，被敌人包围全军覆没，28 岁的师长陈树湘被手榴弹炸伤了腹部被俘，他趁敌人不备用手使劲拽出肠子壮烈牺牲。有浩然之气的人多大忠大爱，他们俯仰天地间，英雄伟业气贯山河。包拯的三口大铡刀，上铡犯科皇亲，中铡贪官污吏，下铡无耻宵小，耿耿忠心铁面无私，想还北宋司法界一个朗朗的乾坤。方志敏牺牲前对新中国充满了憧憬，在大牢里满怀深情写下了《可爱的中国》："我相信，到那时，到处都是活跃跃的创造，到处都是日新月异的进步，欢歌将代替了悲叹，笑脸将代替了哭脸，富裕将代替了贫穷，……我们民族就可以无愧色的立在人类的面前，而生育我们的母亲，也会最美丽的装饰起来。"

君子有张扬的，有内敛的，有少说多做的，也有言行俱佳的，每一个君子都洋溢着个性色彩。

（三）先天禀赋，还是后天滋养

1. 先天血脉塑人

不少网络小说都有血脉觉醒的桥段。一个普通人或者一个寻常的飞禽走兽比如灵狐、孔雀、蛟龙等，在特定的环境或契机下，突然激活了血液中蕴含的先祖的伟大基因，由血脉融合、血脉沸腾、血脉返祖到血脉传承，爆发出强大的能量，领悟到不可思议的武技。血脉觉醒都会有天地异象产生，或万道霞彩，或异香满室，或九道劫雷，或凌乱虚空等。

与血脉觉醒类似的是浪子回头，浪子回头表面看没有血脉觉醒那样轰轰烈烈，实际上同觉醒了血脉里的遗传基因一样出人意料，都要有一个特定的环境或契机。南朝刘义庆的《世说新语·周处》记载了一则故事：周处凶悍强暴，与水里的蛟龙、山中的老虎并列为乡里的三大祸害。有人劝说周处去杀蛟龙与老虎，实际上希望这三害同归于尽。周处杀死老虎后又去杀死了蛟龙，他在水里三天三夜没有露头，乡里人以为周处死了，走上街头敲锣打鼓欢庆。周处上岸后看见这种情状很受触动、深感羞愧，幡然浪子回头，最终嬗变成为一代忠臣。

由小人突变成君子的浪子回头过程，有没有血脉基因遗传的缘故说不准，但是，在现实中，君子的生成与血脉遗传的确有关系。

血脉就是血统，指嫡亲骨肉。血脉遗传指通过基因传承把先辈的生老病死等生命的信息传递给后代。遗传很强大，一般说，桂子的芳香密码能够传输后代，蜡梅的傲骨基因不会因年代久远而改变，狮虎的子孙照样凶猛擅长捕杀，人类的骨骼、肌肉、血管、神经的分布以及嗓音、姿势、品行、动作的特点都会遗传给后人。俗语说，栽什么树苗结什么果，撒什么种子开什么花。钱彩的《说岳全传》第六十六回“牛公子直言触父，柴娘娘恩义待仇”有一个情节：岳飞被朝廷陷害后，牛通嫌父亲为岳伯父报仇迟缓，指着牛皋大声呵斥。牛皋想起大哥岳飞生前所说“孝顺还生孝顺子，忤逆还生忤逆儿”，顿时痛心疾首。

性格会通过血脉遗传。性格暴戾的爱走极端，性格平和的偏向中庸，性格刚正的多有侠义，性格阴柔的喜欢算计。家族性的性格弱点需要通过艰苦的后天磨砺来纠正，而性格遗传优势会让弘扬君子品格事半功倍。因此，血脉传承是君子弘扬忠孝诚信等特质的重要途径之一。北宋名将杨继业和杨延昭父子皆是忠良，杨延昭从小爱玩军事游戏，杨继业说“此儿类我”[①]。杨延昭长大后对国家忠心耿耿、不怕牺牲，有其父的浩然之气。欧阳修盛赞杨家“父子皆为名将，其智勇号称无敌”[②]。

---

① 脱脱：《宋史·杨延昭传》。

② 欧阳修：《供备库副使杨君墓志铭》。

唐朝诗人杜审言诗才绝艳，“云霞出海曙，梅柳渡江春”[①]，诗歌靓丽灿烂，历久弥新。绝艳的诗才隔代注入杜甫的血脉，遇见“安史之乱”被激活，“国破山河在，城春草木深”，“朱门酒肉臭，路有冻死骨”……滔滔诗情奔腾咆哮，汇集成了一段诗史。杜审言与杜甫都是仕途坎坷，也成就了一段祖孙诗人双双怀才不遇的趣谈。翰墨飘香，血脉流淌。史家“三班（班彪、班固、班昭）”接力合著《汉书》，文苑“三苏（苏洵、苏轼、苏辙）”联手纵横宋文坛。当今，陈强、陈佩斯父子表演炉火纯青，陈强打造的黄世仁、陈佩斯雕琢的小品《吃面条》，定格为影视经典。茹志鹃、王安忆母女小说双剑合璧，茹志鹃《百合花》传递温馨一炮走红，王安忆《长恨歌》哀婉动人，摘得茅盾文学大奖。

君子风骨薪火相传。书香门第、忠良之家、诚信门户等都有根脉。陈胜、吴广揭竿而起时高喊：“王侯将相宁有种乎？”从反面印证了之前社会的主流说法是王侯将相靠血脉传承。君子有血脉基因，但是能不能激活显扬，还是要看后天。

2. 学习教化立人

《论语·阳货》说：“诗可以兴，可以观，可以群，可以怨，迩之事父，远之事君，多识于鸟兽草木之名。”《诗经》是儒家经典，是古人进德修身、齐家治国、追求君子人格的必读书之一。

人生来无辜，闯荡江湖久了就会沾染恶习，该怎样洗涤掉污垢返璞归真呢？靠读书学习。立身要以立学为先，立学要以读书为本。朱熹《朱子语类》卷四说，一颗夜明珠掉进污水池里就会浸染斑斑污渍，用抹布轻轻“揩拭此珠”就会使之重放光华。读书学习就是拂尘，品味诗书礼乐能重新让人心向善。

天上繁星点点，水里万类竞游。自从孔子提出了君子人格标

---

① 杜审言：《和晋陵陆丞早春游望》。

准,靠读书学习期望成为君子的人风起云涌。李密挂角、匡衡凿壁、杨时程门立雪、孙敬苏秦悬梁刺股。邓拓在《燕山夜话》里讲了一个故事。春秋战国时期,有一天,年迈的晋平公问师旷说,我很想多读书,可是都70岁了,该怎么办呢?师旷回答道:“何不炳烛乎?”师旷鼓励晋平公加班加点挑灯夜读,牢牢把握住夜晚这生命的三分之一时间,努力学习修身,朝闻道夕死可矣。

教化是让人心向善的另一条路径。如果说读书是自选项目,读什么书自由度大、达到什么目标伸缩性强的话,那么接受教化就是必选项目,学校、老师、内容与方法都相对既定。同读书一样,两者都是追求真理成就人生的必要阶梯,不可或缺。

遇见一个好老师很幸运。子路是孔子的大弟子,之前好勇斗狠经常打架,头戴着雄鸡冠样的帽子,腰挂着公猪皮装饰的宝剑,威风凛凛,一副“非主流”的模样。他被孔子用礼乐收服后,对儒学如醉如痴,由粗人成为君子,忠诚守信,善政为民,一生都追随老师。卫国内乱时,孔悝被羁押成了人质,子路只身突入叛军营救,在厮杀中他的头盔系带被割断了,子路即刻放下刀剑,认真戴好头冠,身体却被敌人砍成了肉酱,子路临死前正色道:“君子死而冠不免。”①以一腔鲜血浇灌了君子的荣誉之花。为了端正帽子而被砍死,值吗?今人难以理解。古代君子站得直行得正,帽冠就是君子的形象和荣誉,人可死名声不可堕,君子身死浩气长存;犹如军旗是军队的灵魂,部队可以打光,军旗要在阵地上飘扬,军旗在,军魂不灭。

进入一所好学校同样能立德修身实现价值。应天书院、岳麓书院、白鹿洞书院、嵩阳书院等是中国古代最好的书院,范仲淹、程颢、程颐、张载、邵雍、朱熹、陆九渊、张栻、王阳明等名流分别在

① 司马迁:《史记·仲尼弟子列传》。

这里执教。应天书院继承了范仲淹“先天下之忧而忧”的道统，宋真宗为岳麓书院亲题匾额，朱熹为白鹿洞书院制定“博学之、审问之、慎思之、明辨之，笃行之”的教规，嵩阳书院成为宋代理学重要发源地。四大书院培养了很多大名鼎鼎的儒家君子，如杨时、王尧臣、滕子京、魏源、曾国藩、王夫之等，他们治国理政方正不阿，人品官品堪称表率。书院学术氛围浓郁，不少老师一边讲学辩论一边著书立说，二程与张载互相激辩，其理学研究日臻完善[①]；司马光的《资治通鉴》的部分章节就是在嵩阳书院里完成的。

古今中外道理相同，好学校能改变人生造福社会。1938 年在延安成立的鲁迅艺术学院，在中国共产党的领导下，在“紧张、严肃、刻苦、虚心”校训的激励下，融入了全民抗战国家统一的时代洪流，培养了无数的文艺精英。穆青、贺敬之、冯牧、郑律成等人，在社会主义文化建设中大放异彩，鲁迅艺术学院师生创作的《白毛女》《南泥湾》《黄河大合唱》蜚声中外。

苏联十月革命后，大批儿童失去父母流离失所，国家在各地组建了儿童工学团（儿童教养院），在高尔基工学团里，马卡连柯院长用尊重、平等、责任和集体主义这种全新的教育理念和百折不挠的信心，战胜了饥饿、贫困、顽劣、不信任等重重困难，把几百个沾染了各种不良嗜好的流浪儿童培养成医生、老师、工程师、飞行员、园艺师等社会栋梁之材。马卡连柯儿童教养院的创建为苏联问题儿童的教育带来了福祉。

3. 周遭环境齐人

中国的北方多高山大漠飞沙走石，因而北方人多性格豪放坚韧不拔；中国的南方多小桥流水杨柳依依，因而南方人多性情委

① 田志光、杨国珍：《北宋嵩阳书院名师讲学考论》，《保定学院学报》2017 第 1 期。

婉细腻贴心。一方水土养一方人，存在决定意识。

恩格斯在《诗歌和散文中的德国社会主义》里批评歌德，说他“谨小慎微，事事知足，胸襟狭隘”，归因于他的故乡——莱茵河畔的商业中心法兰克福的小市民的庸人气息的影响。果戈理在《关于普希金的几句话》中评价普希金：“命运好像故意把他抛往那些地方，……高加索唤起了他心灵里的力量。”鲁迅的思想性格、文化个性，也植根于故乡吴越文化的土壤之中。鲁迅身上有越人卧薪尝胆的遗风，他在《坟・杂忆》里说，“我还是脱不出往昔的环境的影响”——“总觉得复仇是不足为奇的”。

写小说时，典型人物只有在典型环境里展开矛盾冲突，才能塑造出典型性格特征，人的个性气质的养成与他所处的具体环境有直接的深刻的联系。孟子小时候非常聪明，最初家与墓地相邻，他很快就学会了出殡送葬的跪拜哭号；孟母马上搬家到市场附近，孟子又很快学会了经商买卖的迎来送往；孟母就又果断搬家到学校附近，子曰诗云的熏陶让孟子易筋洗髓，最终修成了一代亚圣。孟母三迁择邻而居的典故，启迪了无数的中国人。

橘生长在淮北变成枳，鸟儿久困牢笼不习惯振羽，狼孩儿久离人群就不会说话，鲁迅留学日本受到麻木的中国人充当看客的电影的刺激而弃医从文。《孔子家语・六本》说：“与善人居，如入芝兰之室，久而不闻其香，即与之化矣。与不善人居，如入鲍鱼之肆，久而不闻其臭，亦与之化矣。”长久的环境陶冶可以改变一个人的命运。

所处的环境有大有小，纯良的小环境固然会潜移默化人的气质秉性，使一个人不断地向君子高标看齐；浩瀚的大环境，更会以风卷落叶之势改变许多人的生命轨迹，或悲或喜，与时代共起落浮沉。

北宋掀开了历史的帷幕。强化了的中央集权、开明的社会政治与蓬蓬勃勃的经济发展动力，孕育出无与伦比的宋朝文化，哲学教育、诗词文章、话本戏剧、翰墨丹青、忠臣义士、科技发明、勾栏瓦舍、钧瓷汴绣等万紫千红。宋文化能够飞黄腾达，或许关键的举措是宋太祖赵匡胤在太庙密室刻碑，将“不得杀士大夫及上书言事者”作为一个重要原则，历代新皇登基前必须谨记。宽松的文化政策使广大文人士大夫思想解放，迸发出前所未有的创造力量：儒释道在嵩山之巅拥抱[①]，宋词在汴河之滨吟唱，四大书院书声琅琅，大相国寺市井喧喧，《清明上河图》浓缩了北宋市坊合一的市井繁华，州桥近岸的巨幅石雕壁画镌刻出北宋国家文化艺术的高度，火药、指南针、印刷术漂洋过海成为中世纪后欧洲科技发展的启明星。国家的文化大环境如熊熊炉火锻铸了两宋文化的辉煌。

国家的命运牵引着个人的命运。比如：文化宽松让宋朝的理学、气学、心学、关学等学派林立，使得周敦颐、二程、张载、朱熹、陆九渊等大家辈出。学说不断地碰撞，观点反复地锤炼，最终吸纳了道家的宇宙生成论与佛学的思辨方法，宋代儒学一统江湖成为官方哲学。而大师们修身齐家治国，也成为众人仰望的圣贤君子。

周遭环境齐人，也不是那么绝对。一龙生九子，九子各不同[②]，禀赋资质不同，每个人所走的道路也不同。不苟言笑难以成笑星，细胳膊细腿难以力拔山，恐高的人难以凌空飞跃独木桥，总

① 中国禅宗祖庭少林寺有儒释道三教合一石碑。

② 龙生九子：老大囚牛，好音乐，蹲立于琴头；老二睚眦，好杀斗，刻镂于刀环、剑柄吞口；老三嘲风，好冒险，殿角走兽是其形象；四子蒲牢，喜鸣叫，钟上兽钮是其姿态；五子狻猊，好端坐，佛座狮子是其造像；六子霸下（赑屃），好负重，常充当碑座；七子狴犴，好诉讼，见于狱门上狮子头；八子负屃，喜好文，形貌见于碑两旁文龙；老九螭吻，好吞吃，蹲在殿脊两端。

有人不论如何都与君子无缘，生性凶残的人怎样调教都不会立地成佛。因此，法家说：“威势之可以禁暴，而德厚之不足以止乱。”[1]中国共产党开展的势如破竹的反腐败举措，并不是苛求每一个领导干部都能如同道德崇高的古代君子一样，而是要通过高压的反腐态势使其不敢腐，高压态势就像一柄达摩克利斯剑高悬，使其惕厉，轻易不敢触碰底线，时间长了成为习惯也就自然而然。

① 《韩非子·显学》。

二、君子好逑，淑女宜家

日月交辉，阴阳互润；同气相求，互助共鸣。云从龙，风从虎，水流湿，火就燥。鱼游水游出了海底的大千世界，蝶恋花恋出了世上的美景春光。

男人与女人各是一半，男女结合成为一个完整的家庭，组成家庭的两半不仅要血肉相连，还要气质、境界、性格和心态或相投或相补或相容，不能因鸡毛蒜皮弄得鸡飞狗跳，不能因无端猜忌弄得寻死觅活，不能因蝇头微利的蛊惑让另一半铤而走险。君子与淑女是居家的最佳搭档，夫妻灵肉结合齐心合力，更容易走进鸾凤和鸣的天地。

（一）君子齐家迎淑女

1. 关关好逑本常态

物竞天择是自然界的生存铁律，它是一只无形的大手，牵引着亿万生灵的生存和繁育的方向。飞禽择偶时，雄性斑斓的羽毛、嘹亮的鸣叫和一往无前的追求能够获得青睐；走兽求欢时，雄性健硕的形体、强悍的博弈和藐视群雄的气概能够获得雌服。爱美之心慕健之意，是万物的常态众生的常情；追求卓越使基因在优胜劣汰中延续，是生命发展的密钥。人是万物之灵，有思想有情感，在繁衍生息中，崇尚貌美体健、品端行正更是规律驱使。

《诗经·周南》有一首诗："关关雎鸠，在河之洲。窈窕淑女，君子好逑……"关关和鸣的雎鸠，比翼在河中的绿洲，美丽贤淑的女孩儿，是那忠厚小伙儿的理想配偶。"雎鸠"是一种水鸟，"关关"是雌雄雎鸠在欢快地鸣叫，雄声高亢，雌音柔美。诗歌运用起兴，让缱绻情深的一对水鸟牵引出一双彼此爱慕的少男少女。关键词是"君子"和"淑女"。

常言道好女百家求，淑女就是好女，好女能够宜家。虽说百家都来争求好女，但好女花落谁家可是有定数。金朝董解元在《西厢记诸宫调》里说"自今至古，自是佳人，合配才子"。佳人指崔莺莺，知书达礼性情纯良，是一位淑女；才子指张生，一改元稹《莺莺传》里面始乱终弃的形象，是一位君子。董解元用说唱形式演绎了"窈窕淑女，君子好逑"的诗句。淑女嫁给君子不枉君子淑女的钟灵毓秀，彰显了人类社会对美丑善恶归类组合的心理期待。君子齐家，淑女宜家，现实生活中的所见印证了君子迎娶淑女一双两好的观念。

王弗与苏轼，是典型的淑女配君子。王弗 16 岁与苏轼丝萝相伴，享受了 11 年的郎情妾意，苏轼才华卓越用情专深，王弗兰心蕙质蕴藉低调。王弗自幼饱读诗书记忆力惊人，苏轼深夜背书时她总是静静地守望，只有当丈夫念错字时才开口纠正，时间长了，苏轼的学问更加精深，王弗甘当绿叶，让苏轼刮目相看；苏轼才子气盛，说话口无遮拦，因此，在家会客时，有识人之明的王弗总是站立在屏风后面聆听，等客人走了，她精到地分析来人的品行得失，与丈夫探讨适合不适合深交，一次次地为丈夫保驾护航。27 岁那年王弗突然离世，凤单鸾孤的苏轼天塌似的惶恐凄凉，这种凄凉一直萦绕了 10 年。"十年生死两茫茫，不思量，自难忘，千里孤坟，无处话凄凉……"一曲《江城子》如怨如慕如泣如诉。

胡适与江冬秀，是家长包办的另类君子婚配。胡适，谦谦君子温润如玉，身跨政学两界，学贯古今中西；江冬秀认字不多，且小脚缠足。江冬秀的淑女范儿有点非主流，不温柔娴雅，不世俗般夫唱妇随，她敢吵敢闹，胸怀大主见大决断。两人才一订婚，胡适就跑到美国留学，一去十年，闲言碎语不断传来，说胡适外遇不断。江冬秀不为所动，她一面按丈夫的要求放大缠足，一面以粗浅的字眼给胡适写信言情。一次，缠绵病榻的胡适收到妻子的家书，心里暖烘烘的，按捺不住思念提笔回信："病中得他书，不满八行纸，全无要紧话，颇使我欢喜。"[1]胡适出任驻美国大使，江冬秀很不高兴，她知道胡适没有那么多官场上的弯弯道道，就极力劝阻，她致电政府要求允许胡适辞职。江冬秀最大的主见与决断当属丈夫去世后，她坚持棺葬，逼迫蒋介石答应。她敢于提刀威胁胡适斩断与红颜的情丝，也千方百计把丈夫照顾得舒舒适适，她几乎目不识丁，却一直跟随着丈夫纵横的步伐，使这一段民国时期最不被看好的婚姻得以圆满。"胡适大名垂宇宙，夫人小脚亦随之。"当时人们的一句戏言就成了夫妇二人琴瑟和鸣的定评。

2. 淑女重德看过来

认识事物先从外观开始，由现象到本质。男人欣赏女人先从感官愉悦开始，螓首蛾眉、杏眼桃腮、素口蛮腰，顷刻间会点燃爱情的火焰，接下来才是由容貌到心灵的探索。淑女在颜更在德，如仅仅是颜如玉美如仙，随着冬去春来花开花落，爱情的果实就可能酸涩。

上苍没有赋予你罗绡纨绮，也许会给予你珍馐美馔。中国有不少的嫫母、无盐（别名钟无艳、钟离春）、孟光、阮氏女一类的女子，就是因为德高才茂而大放异彩的。比如：嫫母形如夜叉奇丑

① 胡适：《病中得冬秀书》。

无比，是黄帝的次妃。黄帝为什么要挑选嫫母为妻呢？是为了刹住部落里因重色导致的抢婚之风。丑妻近地家中宝，黄帝高扬重德轻色的大旗，以身作则影响深远。嫫母虽丑却有大贤能，她发明了镜子，发明了养蚕缫丝织绸染色，母仪天下教化百姓。

孟光也是大名鼎鼎，人们因成语相敬如宾知道了孟光的贤德，却不知道她的貌丑。《后汉书·梁鸿传》说，孟光"肥丑而黑"，年过三十仍待字闺中，多次拒绝媒妁，坚定不移地要嫁给儒雅风趣的梁鸿。街坊们嘲笑孟光是癞蛤蟆想吃天鹅肉，梁鸿却慧眼识珠。婚嫁后，孟光时而布裙荆钗纺纱织布，时而夫唱妇随咏诗弹琴。梁鸿落难时给人打工舂米，孟光对不与恶势力同流合污的丈夫十分敬仰，饮食起居呵护得无微不至，吃饭时，毕恭毕敬，手捧食盒，举案齐眉。

一个好女人旺三代。不管是面如朝霞秀外慧中，还是容貌黯淡娴雅内敛，只有德才兼备，才可能宜家、齐家、兴家、壮家。她们是怎样表现的呢？

一是相夫教子。这是普遍现象。嫫母携手黄帝教化百姓，卓文君帮衬司马相如当垆卖酒，王弗助读苏东坡红袖添香，孟母三迁孟子成圣，岳母教子岳飞精忠，陶母戒子陶侃廉明[①]……可以说，上起朝堂后宫，下至市井街巷，有官宦内眷，也有寻常民妇，相夫教子成为多数女人共同的心理与情感的归宿。这种文化圭臬与男女生理心理的强弱刚柔及其导致的主外主内的分工有关，与父权社会以男子为轴心造成的女子经济地位弱小有关，也与女性生就母爱丰沛有关。相夫教子在当今依然风头强劲，常见一些颇有才干的女子一心扑入家庭，三分自我七分厨房，甘之若饴。

---

① 刘义庆《世说新语》：陶侃年轻时分管河务，一天，他派人给母亲送了一坛腌鱼，陶母得知是公家物品，回书训诫儿子，"拿公共财物送我，不能让我高兴反给我添忧"。陶母的训诫使陶侃警钟长鸣。

二是独当一面。中国社会不乏巾帼强人，她们在战场上所向披靡，在日常生活中才干超群，成为永流传的经典。1976 年安阳殷墟出土了一座恢宏的大墓，墓主人叫妇好，是商王武丁的妻子，是中国历史上第一位女将军。妇好带兵打仗封疆守土连战皆捷，曾经一次统率 1.3 万将士攻入羌地俘虏敌人无数，为中原王朝的保卫战创下不朽的功勋。妇好的名字屡屡被镌刻在甲骨文上，标志着她深受武丁的宠爱和民众的爱戴。班昭、无盐、花木兰、秦良玉等，都是响当当的名字，英才绝伦。班彪、班固死后，班昭挺身而出续写《汉书》，成就了史学界的“三班”大名；无盐长相丑陋，却敢冒杀头危险直斥齐宣王腐败暴政，齐宣王醍醐灌顶，十分感激，将其纳为王后；花木兰替父从军，舍小家为国家，倥偬沙场铁马冰河，谁说女子不如男的壮举家喻户晓；秦良玉是明末著名的女将领，娴静文雅，擅长骑射，代夫掌权，平叛剿乱，是中国历史上唯一一位在正史上被单独立传的女英雄①。

三是比翼齐飞。鸳鸯相伴戏涟漪，梁燕双飞啄新泥，丹鹤和鸣春风爽，鹰隼比翼云海低。烟雨蒙蒙，春色撩人，大自然的生灵雌雄形影相随，让人心头温暖，由此想到人间的伉俪。人间比自然界复杂，与丈夫比肩弄潮，从某种意义讲比在家相夫教子、出门独当一面更难做，女性既要专业过硬也要与丈夫志同道合。北宋年间，在汴京城里，赵明诚携手李清照沿汴河吟词赏花，走街串巷把玩钟鼎碑刻。这一对神仙眷侣，门户相当，志趣相投，在“云中谁寄锦书来”的渴盼中赵明诚写就了《金石录》，在“人比黄花瘦”的相思中李清照成为婉约派宋词第一人。春雨冬雪，日月流光。

① 张廷玉：《明史·秦良玉传》。

诸葛亮与黄月英[1]、韩世忠与梁红玉、周恩来与邓颖超、钱学森与蒋英、钱锺书与杨绛、梁思成与林徽因等,都是强强并辔而开创出一片灿烂的领域。

(二)好逑之路径

1. 父母之命,尊长垂青

君子爱财取之有道,君子好逑"逑"之有方。君子与淑女由相识相知到相爱成家,经大浪淘沙,逐渐形成了几个套路,父母之命尊长垂青比较常见。

提起父母之命,不少人心生排斥,陆游与唐琬是多好的一对,却被棒打鸳鸯,鲁迅对朱安毫无情感被捆绑做了挂名夫妻。不过,在中国父子君臣尊卑有序的封建国度里,父母之命漫长的存在肯定有其合理性和必然性。"父母之命"后还有"媒妁之言",意思是儿女婚姻必须父母做主媒人介绍。父母之命是西周时期开始的一种婚姻习俗,《诗经·齐风·南山》说:"取妻如之何?必告父母……取妻如之何?匪媒不得。"《孟子·滕文公下》说:"不待父母之命,媒妁之言,钻穴隙相窥,逾墙相从,则父母国人皆贱之。"父母包办婚姻的选择取向无非是男女门当户对、男子德才兼备、女子温良恭俭等。大体上说,父母长辈饱经炎凉,看事情较为深刻,为儿女谋划较为长远,只是他们大都淡化甚至无视了婚配的主体——儿女们的强烈意志,才酿造出了一杯杯的苦酒。

人常说没有父母祝福的婚姻是残缺的婚姻,男女情投意合加上父母喜欢无疑是上上选,可理想很丰满现实多骨感。在封建社会儒家伦理纲常的禁锢下,青春男女特别是贵胄庭院的女孩儿

---

① 黄月英为黄承彦之女,智商、情商、奇门遁甲与诸葛亮不遑多让。陈寿《三国志·诸葛亮传》引《襄阳记》说:"黄承彦……谓诸葛孔明曰:'闻君择妇,身有丑女,黄头黑色,而才堪相配。'孔明许,即载送之。"

们，春情萌动却遭压抑，一年中也许只有元宵观灯、清明踏青、端午划桨和中秋赏月时才有邂逅的机缘。“原来姹紫嫣红开遍，似这般都付与断井颓垣。良辰美景奈何天，赏心乐事谁家院。”杜丽娘的泣血呐喊，喊出了封建少女空负春光、没有月上柳梢头的浪漫的极度无奈。

如果无力改变环境，只有设法去适应环境。包办婚姻照样涌现过千千万万的幸福家庭。远处望，有苏轼与王弗：王弗知性内敛，默默地熬夜伴读，如流水常处低洼以凸显丈夫的高耸；她侍奉公婆一丝不苟[①]，就像温泉悄然滋润亲人让家庭和睦兴旺。也有司马光与张氏：张氏贤淑大度温柔体贴，却不能生育，心怀愧疚几次为丈夫置办了美妾，都被司马光赶跑，司马光始终对妻子忠贞不渝，作为当朝宰相，司马光堪称真君子真楷模。身边看，有任弼时与陈琮英：两人是指腹为婚，陈琮英紧随丈夫的匆匆脚步，穿越白色恐怖，跋涉雪山草地，夫妻携手并肩、甘苦并尝。也有钱学森与蒋英：一个是中国航天之父、火箭之王，一个是蜚声世界的女高音歌唱家，两人的婚姻是父母之命娃娃亲与两小无猜干兄妹的激情碰撞，是蒋英响遏行云女高音环绕钱学森穿云破雾航天箭的浪漫花蕾的绽放。

尊长垂青是包办婚姻的简约版，“尊长”直接将父母之命媒妁之言包揽。这样的镜头戏文中不少，《秦香莲》里的陈世美、《琵琶记》中的蔡伯喈，都是考上状元时被皇帝或宰相招为乘龙快婿的，两个主角一悲一喜，生活中的精彩也叫人啧啧称奇。宋朝邵伯温《邵氏闻见录·卷八》载有一则趣谈：王拱辰是北宋天圣八年(1030)举进士第一名，是仁宗钦点的状元，他被看中，顺理成章地娶了宰相薛奎的三女儿，巧合的是同科进士欧阳修后来娶了薛奎

---

① 苏轼：《亡妻王氏墓志铭》：“既嫁，事吾先君先夫人，皆以谨肃闻。”

的四女儿,这时候王拱辰妻子(薛奎三女儿)已离世,他就又娶了薛奎的五女儿。欧阳修调侃王拱辰说“旧女婿为新女婿,大姨夫作小姨夫”,一时成佳话。

从某种意义讲,洞房花烛夜里男女初牵手,两颗纯粹的爱心有利于夯实婚姻的基础。自由恋爱是比父母包办、顺从尊长舒心痛快,可是如果自由过度,结婚离婚像喝碗胡辣汤那样随意,是进步还是倒退呢?

2. 比武对句,自我选择

新派武侠小说里常有这种设计:世家大族、帮派老大、江湖豪客以及员外乡绅家的千金小姐,用比武招亲、对句择婿的手段来挑选意中情郎。相比父母之命来说,能创造出机遇睁大眼自己挑拣,对于未来夫君的外貌特长情志心态,女孩儿们心中了然。没有诗文武功强项的女孩子抛绣球招亲也是一种套路,站在高高绣楼上,瞄准下面想抛谁就抛谁。开封清明上河园里有一个王员外招亲的火爆节目,柳枝摇曳,蝴蝶翩翩,绣楼下面万头攒动,小姐的心愿达成近在咫尺。

相传王安石就是由富家千金对句择婿而平步青云的。他进京考进士路过马家庄,马小姐正征联择婿,绣楼下熙熙攘攘。上联是:“走马灯,灯走马,灯熄马停步。”王安石一时想不起来,只得策马启程。说来也巧,考场上也是对对联,且给了一副下联:“飞虎旗,旗飞虎,旗卷虎藏身。”王安石一挥而就将马家小姐的征婚上联写在试卷上,不等发榜,就扬鞭跃马赶往马家庄对对联去了。结果,洞房花烛夜、金榜题名时双喜临门。这个传说映照了父母之命以外的另一种择偶现象,表达了当时的人们要把爱情婚姻的主动权把握在自己手中的一种美好愿景。

自主选择是一种进步,从父母之命的婚姻中推开了一扇窗户,顺遂了当事人的主观意愿,年轻人仿佛看见了曙光,无数身影为之奔忙，各施机巧挥手谋定。“众里寻他千百度。蓦然回首，那人却在，灯火阑珊处。”辛弃疾的词句定格了一对男女以元宵观灯为时机私下幽会的场景。也有以折扇、罗帕传情的，罗臻执导的电影《乔太守乱点鸳鸯谱》里，孙玉郎与刘慧娘、裴政与徐文姑这两对男女在庙里邂逅顿生情愫，暗中互换手帕与折扇，匆忙间却传递错了对象，让姻缘一波三折。

现代社会自主选择爱情是一种常态，多情女有之，痴心汉也有之，口吐莲花写情书、铁杵磨针慢慢磨、无怨无悔追明星等，花样与时俱进，有得意的、有止步的，也有饱受折磨的。“雨巷诗人”戴望舒与施绛年的爱情纠葛就弄得他神魂颠倒。1927 年大革命失败后，戴望舒到施蛰存家避难，遇见了施的大妹妹施绛年，施绛年小他 5 岁，活泼、阳光、俊俏，宛如丁香花绽放，喷吐着芬芳。戴望舒一下被丘比特射中。可他有子建之才无潘安之貌，童年害的天花让他脸上坑坑洼洼，施绛年半点不喜欢他。戴望舒以跳楼相逼，施绛年无奈才订婚，不久就移情别恋。戴望舒一腔热火化为单相思，后来虽然先后与小他 12 岁的穆丽娟和小他 21 岁的杨静结婚，但都是昙花一现，始终忘不掉丁香一样的施绛年。“撑着油纸伞，独自彷徨在悠长、悠长又寂寥的雨巷，我希望逢着一个丁香一样的结着愁怨的姑娘。她是有丁香一样的颜色，丁香一样的芬芳……”《雨巷》写于 1927 年，戴望舒的长女戴咏素说：“施绛年是‘丁香姑娘’的原型。施绛年虽然比不上我妈以及爸爸的第二任太太杨静美貌，但是她的个子很高，与我爸爸一米八几的大高个很相配，气质与《雨巷》里那个幽怨的女孩相似。”[1]戴望舒一直渴望再“逢着”一个与他性格相投的“丁香一样”的姑娘。

---

① 《民国女子：此情可待成追忆》，《海口日报》2009 年 3 月 21 日。

3.“长袖善舞”，大胆出手

从西周至春秋，在广袤的中原大地上，包办婚姻是习俗，可并没有严苛的男女大防，少男少女踏青郊游，君子淑女花前月下，更有女孩子们为追求意中人“长袖善舞”主动出击。《诗经·郑风》的爱情诗里有不少这种敢说敢爱的女主角。

《溱洧》勾画了河边嬉戏的画面：“溱与洧，方涣涣兮。士与女，方秉蕑兮。女曰观乎？士曰既且，且往观乎？洧之外，洵訏且乐。维士与女，伊其相谑，赠之以勺药。”溱河洧河，春天荡漾绿波。男男女女，手拿着兰草游乐。姑娘说：“咱过河去那边看看吧?”小伙儿说：“我已去过。”姑娘摇晃着小伙儿胳膊嗲嗲地说：“你再去趟陪陪我!”小伙儿憨憨一笑：“中。”河那边真宽敞真快活。男孩女孩，调笑嬉戏，男孩儿突然捧出一枝芍药：“请你一定嫁给我。”

女追男隔层纱，姑娘撒撒娇，用点肢体小动作，小伙儿就乖乖上道。《山有扶苏》写野外邂逅：“我没看见子都美男子啊，却瞧见你这个小狂童。”打情骂俏之音如婉转莺啼；《子衿》捕捉了城墙上的约会镜头：小女生焦急等情郎，站在高高城楼上，走来走去远处望，一天我要见不到你啊，好像已过去三月长。

郑国女子为什么这样大胆？从郑庄公开始，郑国经济军事强大，老百姓安居乐业。爱情是高于物质需求的一种精神需求，只有相对富裕安定时，人们才会享受谈情说爱。“郑风”里女子驰骋爱情，正是郑国及中原地区文化繁荣、生活相对安定的标志，这时候程朱理学伦理规范尚未出世，一个个鲜活的美女渗透着女人原生态的风貌，映射着中原女子心直口快的个性。

春秋至唐，中国女子的舞台相对广阔，她们敢作敢为。东晋干宝的《搜神记》里，董永路遇仙女，仙女相约为他妻；唐代元稹的《莺莺传》里，莺莺喜欢张生，自荐枕席；孟光看准了梁鸿儒雅德高，放言非梁鸿不嫁；黄月英自信能耐不输诸葛亮，就委托父亲当了一回毛遂；王昭君久居深宫多年不得宠幸，心思和亲自愿远嫁塞外[1]；至于卓文君、蔡文姬等寡妇再嫁如穿衣吃饭。“春江水暖鸭先知”，越是兵荒马乱，男女关系就越写意。魏晋时礼崩乐坏，曹操在《求贤令》里毫无顾忌地招聘“盗嫂”之人。甄宓是袁绍的儿媳妇，袁绍兵败，曹丕将甄宓抢去当夫人，曹植对嫂子也朝思暮想，甄宓死后，曹植怀抱其枕痛哭，八斗之才蘸着滴滴泪水凝聚成了《洛神赋》。到了两宋，“饿死事极小，失节事极大”一出现，女子的自由度为之一紧。“失节事极大”原本是程颐因不满侄媳改嫁的一句牢骚话，“章氏之子与明道（程颢）之子，王氏婿也。明道子死，章纳其妇。先生曰：‘岂有生为亲友，死娶其妇者？’”[2]所以当有人问起寡妇能不能再嫁，程颐才说出以上的言语，不料竟成了不许妇女再嫁的紧箍咒。

五四新文化运动开始，砸烂了孔家店，女性再次沐浴了春风，她们该出手时就出手。许广平追鲁迅就是“长袖善舞”主动出击的经典。一开始，许广平只是鲁迅的学生，鲁迅只是北京女师大的兼课教师，许广平为先生的老辣犀利倾倒。1925 年 3 月 11 日，许广平给鲁迅写了第一封信，恳切“希望先生不以时地为限，加以指示教导”。鲁迅当天就回信，一见如故地称“广平兄”，许广平在仅隔 30 天的第六封信里就自称“小鬼许广平”，不久，又改叫鲁迅为“我亲爱的老师”。许广平大声宣示主权：“风子（鲁迅）是我的爱，……藐小的我既然蒙它殷殷握手，不自量也罢！不相当也罢！同类也罢！异类也罢！合法也罢！不合法也罢！这都对于我们不相干，于你们无关系，总之，风子是我的爱……”

---

① 范晔：《后汉书 · 南匈奴列传》：“昭君入宫数岁，不得见御，积悲怨，乃请掖庭令求行。”

② 程颢、程颐：《二程外书》卷十一。

(三)君子好逑为哪般

1. 门当户对对等

君子好逑淑女,贤妻合配良人,男女双方及家庭背景相当就是门当户对。从量上看,门当户对符合阴阳对等的天地之道。

太极图由两条阴阳鱼构成,一白一黑,形体一样,大小相同,相抱无隙,阴阳和谐,太极图举重若轻地把天地规律化繁为简。日月山川冬夏,高低动静男女,无论是自然形态还是社会面貌,都是矛盾的对立统一。老子说:“万物负阴而抱阳,冲气以为和。”[①]只有阴阳规模大体对等,才能维持平衡;周敦颐说:“太极动而生阳,动极而静,静而生阴,静极复动。”[②]只有动静数量总体相当,才不会一方碾压似的打乱格局。天地之道挈领万物,门当户对是天地光华之一粟。

在社会生活中,门当户对像压舱石,能稳定男女双方的家庭及家族的心态。男婚女嫁让两个家庭甚至是两个家族发生了联系,先是情感,情感又受到经济、政治、文化等因素的左右。双方家庭或经济体量或文化背景或社会地位相当,就不容易出现一方高深淡漠、一方窘迫迎合的局面,或许还能深度交流强强联合。“贾不贾,白玉为堂金作马;阿房宫,三百里,住不下金陵一个史;东海缺少白玉床,龙王请来金陵王;丰年好大雪,珍珠如土金如铁。”《红楼梦》里四大家族互为婚姻,就成了一荣俱荣的结合体。王夫人不让宝玉娶黛玉,不喜欢黛玉体弱是表象,会不会更不满意她浮萍无根?世俗中灰姑娘搞定王子的不多,门户过于悬殊,各方背后的心态极易倾斜,会时不时地酿成风浪,让婚姻的航船

---

① 《道德经·四十二章》。

② 周敦颐:《太极图说》。

历险。

在居家度日中，门当户对像平衡器，能调节婚姻男女的心理。天穹再浩瀚，大地也能承载其雨露来化育万物，因为对等；南北两极再冰冷，相向延伸最终也旋转成了一个地球，因为对等；冬与夏再冰火不两立，也演化出了温暖清爽的春与秋，因为对等。婚姻双方的家长，不管是涉足官场、商界、文坛，还是平民百姓，只要门当户对，当事人就没有包袱与自卑，就能坦荡纯净地经营婚姻。走自己的路，让别人说去吧，其实很难。中国人讲面子，门当户对有一部分是让别人看的，众人羡慕的眼神特别是父母由衷的满足，会让爱情自信心爆棚，会过滤或减轻其他不如意而造成的心理不适。

在携手相伴中，门当户对又像发动机，为婚姻的前行提供动力。一般认为门当户对是指门第对等，实际上新郎新娘对等更重要。鱼找鱼虾找虾，樵夫配村姑，才子娶佳人。男女对等更有利于交流亲近夫唱妇随。新郎新娘对等是构成门当户对的重要元素，关键时候能一锤定音。就像联合国的五个常任理事国，既是联合国一分子，又手握否决权。人生的旅途不时地会碰上风刀霜剑、沟沟壑壑，地位平等、人格平等、心态平等的恩爱夫妻，灵与肉契合完美，能齐心合力抵御困扰，“一蓑烟雨任平生”，任谁反对也如浮云，爱情的车船永远马力十足。

2. 男女相投和谐

从量上看，门当户对符合阴阳对等的天地之道；从质上看，男女相投符合阴阳统一的自然规律。如果说数量对等是夫妻般配的硬实力，那么，质量相当就是夫妻和睦的软实力。软实力貌似柔软实则强悍，“天下之至柔，驰骋天下之至坚。”[①]夫妻软实力如

---

① 《道德经·四十三章》。

同一只点金手,一指点一抚摸就能够让家庭温润出彩蒸蒸日上。

软实力包含教养、道德、性情等,君子配淑女最具这种软实力。君子正直诚信谦和,淑女温柔娴雅得体,良善是所共有。而诗礼诚信传家能培育教养,丰沛的教养是种植道德的土壤,少污染的土壤能收获性情良人。

古人结婚要看生辰八字。八字就是把男女双方出生的年月日时与天干地支对应,天干在上地支在下组成的八个字,如甲子(年)、丙申(月)、辛丑(日)、壬寅(时);再将阴阳五行引入,天干地支各有五行和阴阳对应,由此来测算男女的属相是相合还是相冲、五行是相生还是相克。看八字过于玄妙,现今多直观地看教养多寡、道德高低与性情好坏。教养与道德既定的前提下,性情非常重要。

有人说,性情越接近越好,如理工男女配搭,丁是丁卯是卯,有一说一,专业情趣相近,思维性格类同,沟通亲近容易。如果一文一理,这边判断推理,那边吟风弄月,交流起来如鸡同鸭讲。也有说性情互补好,取长补短,刚柔相济,相得益彰。

性情相近、相悖都不重要,关键在人。梁思成与林徽因,夫妻俩都是中国著名的建筑学家,彼此的爱好与情感高度贴近,是珠联璧合的君子淑女,虽然不少男子为林徽因着魔,梁思成却是她的唯一;胡适与江冬秀,一个是谦谦大牌君子,一个是乡间小脚女人,江冬秀不是温良恭俭这种传统意义上的淑女,但她大气、坦荡、热情,两人的才干性格天差地别,但互敬互爱无私体贴,鸾凤和鸣成为一段传奇。所以,无论什么样的个性情趣,只要多为对方想,有了君子风淑女范,就容易琴瑟和谐。

都说家庭是港湾,港湾也有良恶,有的港湾碧水澄澈,海鸥蹁跹,舟船荡漾,令人身心暖洋洋的;有的港湾怪石出没,邪风能让舟船撞礁甚至倾覆。我们都讨厌恶港,那么,什么样的家庭能造就良港呢？淑女是贤妻的胚胎，贤妻就是君子栖息的良港；反过来，君子像是一只容器，把柔情似水的女人装进去彼此贴合无间。君子与淑女阴阳投合，家庭坚固温馨能行稳致远。

（四）鸾凤和鸣的浪漫

1. 戏文传奇矗立理想标杆

爱情很美，君子淑女的爱情更是绚丽。小说戏剧如播种机，千百年来播撒了许许多多的爱情传奇，其中君子淑女的纯真浪漫特别出彩，犹如银钩铁画，将他们的形象深深镌刻在记忆中，拓宽了人们的爱情眼界，矗立了理想的爱情标杆。

黄梅戏《天仙配》中董永的孝道感动了七仙女，夫妻双双把家还；元杂剧《西厢记》里张生与崔莺莺冲破重重阻挠，花好月圆。这些是古代故事，或贤淑女子牵手忠厚好人，或大家闺秀结缘读书郎君。琼瑶的《梅花烙》《青青河边草》等言情小说，多聚焦现代社会的书香门第男女，鸳鸯蝴蝶翻飞，人性的冷漠与柔软尽情地展现，矛盾一波三折，最终善良战胜邪恶；金庸的新派武侠小说，大侠武功高强，上报国家下护妻小。女侠貌美如花侠骨柔情，在宋元时期中原地区狼烟滚滚的大环境下，演绎了一出出五光十色的爱情大戏，儒释道各种价值观相会，驱逐鞑虏的爱国之情让人血脉偾张，郭靖、乔峰、令狐冲、张无忌，黄蓉、赵敏、王语嫣等形象风靡东亚数十年；而浩然的长篇小说《金光大道》，高大泉一心为公，大泉媳妇贤淑勤劳，他们是中国农村的小人物，两口子身上洋溢着中国劳动人民的传统美德，成为那个时代的偶像。

文学作品就是要高擎真善美大旗，陶冶心灵，拉升品位。海上的波涛是一浪接着一浪、不断蓄力扑向沙滩的；锋利的宝剑几经锤炼淬火，去除杂质提高硬度才能虎啸龙吟的。从高明《琵琶记》赵五娘与丈夫重逢，正妻变为二房的形式上团圆，到王实甫

《西厢记》张生与崔莺莺有情人终成眷属的真正团圆，又到汤显祖《牡丹亭》杜丽娘与柳梦梅反抗阴曹地府死而复生的生死爱情，再到曹雪芹《红楼梦》贾宝玉与林黛玉坚守木石前盟的志同道合的爱情，爱情主题不断深化，不断颠覆着既有的婚姻观，动力层层叠加，当五四新文化运动来临时，才能思想大解放、自由恋爱大爆发。

虽然现实生活中苦戏更多，文学中的痴男怨女却多是团圆结局。路途漫漫，我们需要理想作为前行的航标，需要希望鼓舞勇气，需要喜庆愉悦身心。就像过春节家家户户贴对联，婚姻嫁娶挑个双日子，出门远行习惯于三六九，不这样就会怅然，浑身不舒坦。小说戏剧是对社会生活的提炼提高，反映了人们对美好的向往及对价值的追求，是一种民族心理所在。

2. 民间沃土蕴蓄旖旎良缘

小说再离奇曲折，也是纸上谈兵，戏剧再催人泪下，也是舞台操演，土沃水丰的民间蕴蓄着更多的旖旎良缘。

唐朝诗人顾况就有一段叫人艳羡的奇遇。唐玄宗天宝年间，有一天顾况从洛阳上阳宫下水池经过，眼见一片红叶从水里流出，叶面上有宫女题写的一首哀怨诗，“一入深宫里，年年不见春。聊题一片叶，寄与有情人。”诗人心旌摇荡，随即口占一绝写在红叶上：“花落深宫莺亦悲，上阳宫女断肠时。帝城不禁东流水，叶上题诗欲寄谁。”并认真地把这片红叶放入上水池使其漂流进宫内，没想到真的同那位宫女接上了头。两位你来我往凭借红叶传送着爱恋心声。[①] 不久安史之乱爆发，据说顾况趁机潜进上阳宫找到了那位宫女，两人携手逃出宫门白头到老。

如果说顾况是瞅准机会因心动兼行动赢得了白富美的话，李

---

① 孟棨：《本事诗·情感第一》。

白则是独作自家诗，绣球抛上头。天宝三年夏天，李白与杜甫相约游玩开封，在开封古吹台巧遇高适。三人纵论古今、喝酒吟诗、豪情激荡。信陵君多么响当当的人物，而今一抔黄土；梁孝王的梁园多么人欢马叫，而今荆棘丛生。吊古伤今，李白酩酊大醉，借酒泼墨，挥毫在墙壁书写了千古名作《梁园吟》。“昔人豪贵信陵君，今日耕种信陵坟……梁王宫阙今安在？枚马先归不相待。舞影歌声散渌池，空馀汴水东流海。”杜甫、高适也分别写了《遣怀》与《古大梁行》。①

酒醒了，人去了。一位姑娘携丫鬟娉娉婷婷地走过来，凝视粉墙上气势恢宏的诗句，赞道：“真乃聚山川之灵秀，融天地之神韵！”反复吟诵，她如痴如醉，连僧人进房都未察觉。僧人拿一块抹布想擦掉墙壁上的题诗，姑娘赶忙拦住，当即千金买壁。她就是汴州才女宗氏，她的祖父宗楚客，曾为宰相。千金买壁的消息不胫而走，李白十分感动。杜甫与高适主动牵线，李白宗氏很快地就一双两好，李白开始了“一朝去京国，十载客梁园”的开封女婿的生活。②

古人艳遇多有底线，发乎情止乎礼，像什么“使君自有妇，罗敷自有夫”“还君明珠双泪垂，恨不相逢未嫁时”等，留给我们的故事隽永悠长。现代社会一些人追求浪漫则像飞蛾扑火，一味地我行我素，徐志摩爱林徽因，戴望舒恋施绛年，都是少了些旖旎，多了点牵强。

---

① 宋祁、欧阳修等：《新唐书·杜甫传》：甫“少与李白齐名，时号‘李杜’。尝从白及高适过汴州，酒酣登吹台，慷慨怀古，人莫测也”。

② 开封古吹台：也叫吹台，春秋时期的大音乐家师旷曾在此演奏。汉文帝封次子刘武于大梁为梁孝王（后迁睢阳）。梁孝王大兴楼台、广植花木，故吹台又叫梁园，春花秋月时梁孝王聚集枚乘、司马相如来吟诗作赋。明代正德十二年，为纪念李白、杜甫、高适，吹台上兴建了三贤祠。

3. 凄美痴情遗留几多遗憾

人有悲欢离合，月有阴晴圆缺。爱情很美，可收获很美的爱情很难。“碧草青青花盛开，彩蝶双双久徘徊。”祝英台女扮男装，与梁山伯同窗三载，十八里相送，英台情爱深重，可山伯不知就里。等真相大白时，已失之交臂。山伯与英台泪洒倾盆，双双化蝶。

人生不如意事八九，即便享有了很美的爱情，长相厮守也很难。“孔雀东南飞，五里一徘徊。”刘兰芝被焦仲卿的母亲休掉了，她强忍悲痛，就像那只孔雀，一步一徘徊地回到娘家，又被势利眼的娘、兄逼迫改嫁，夫妻哽咽诀别，一个投河，一个自缢。

“梦断香消四十年，沈园柳老不吹绵。”陆游与唐琬也是，夫妻俩沉醉东风，老娘担心儿子乐不思蜀，生生将唐琬劝离，唐琬被迫改嫁赵士程。十年后沈园相遇，旧情燃烧，不久唐琬就郁郁而终，只留下陆游无尽的“错错错”的悔恨。

悲剧是把有价值的东西撕开给人看，爱情悲剧让我国文艺的爱情主题增加了深度与多样性，造就了一个个文学经典，留下了凄美的文化遗产。很多时候爱情悲剧的发酵能创造意想不到的价值。

冯梦龙沉迷于苏州名妓侯慧卿，两人蜜里调油，名妓赎身至少几百上千两银子，冯梦龙哪有。侯慧卿实在等不及，就在端午跟着一个富商走了。第二天人去楼空，冯梦龙号啕痛哭，大病一场，“年年有端二，岁岁无慧卿”①，极度的思念与悲怆让他一改浪荡不羁的心性，让他非常憧憬花好月圆的爱情。因此，他的“三言”不是讲男女破镜重圆，就是写女子刚烈坚贞。

白居易的《长恨歌》哀婉缠绵，诗歌的悲情来自诗人内心的苦

① 冯梦龙：《端二忆别》。

涩和对于爱情的共鸣。白居易打小认识了小他4岁的邻女湘灵，两人青梅竹马。白居易19岁时情窦初开。“娉婷十五胜天仙，白日姮娥旱地莲。”[①]在白居易笔下，湘灵宛如凌波仙子。可湘灵是普通人家出身，老娘不喜欢。之后，白居易异地求学、科考、为官，对湘灵思念不断。他屡次恳求与湘灵结婚，都遭老娘严厉拒绝，并禁止他与湘灵见面。后来在老娘以死相逼下才与他人结婚。直到白居易被贬江州，路遇湘灵，两人抱头痛哭，这时湘灵已40岁了，仍在痴心等待。“不得哭，潜别离；不得语，暗相思；两心之外无人知。深笼夜锁独栖鸟，利剑春断连理枝”[②]，沉痛的诗句脱口而出。《长恨歌》写于白居易婚前几个月，“在天愿作比翼鸟，在地愿为连理枝。天长地久有时尽，此恨绵绵无绝期”，不正是诗人借李杨悲剧吐心中块垒吗？

凄美爱情凸显了爱情的坚守。尾生宁可被洪水淹没也信守约定，山伯英台宁可化蝶也不忍分离。这种坚守就是崇高。崇高，常人不常有，小人绝没有。崇高曲高和寡，崇高峣峣者易折，可没有了崇高，与寻常人无二，也就缺失了一部分凄美与爱情的经典。

---

① 白居易：《邻女》。

② 白居易：《潜别离》。

三、君子上善，德润众生

上善，是君子身上最突出的特征，是最本质的品格；以善心善行帮扶人，是古今君子行走江湖处世接物最重要的准则。所谓上善，就是最崇高、最宏大的好；善，是仁德的起源。在自然界里，阴阳交泰、刚柔相济是上善，化育出了冬雪夏雨、春华秋实、飞禽走兽游鱼。在人类社会，天人合一也是上善，造就了人类生生不息、安居乐业，人与自然和睦相处。

君子秉承天地上善的余韵，他们的善心善行如丽日明月朗照大地，如春风细雨润泽世间，古往今来，上善君子讲述着一个又一个的感人故事，昭示着人性的美丽与崇高。

（一）上善若水，君子若水

1. 水利万物成人美

“上善若水”[①]这句话，中国老百姓大都听说过，老子为什么把最高境界的善心善举比喻成水呢？水真的这么无与伦比吗？

同阳光和空气一样，人类生存离不了水。有人列举了水的六大好处。你高，我便退去，绝不淹没你的优点；你低，我便涌来，绝

---

① 《道德经·八章》。

不暴露你的缺陷;你动,我便随行,绝不撇下你的孤单;你静,我便长守,绝不打扰你的安宁;你热,我便沸腾,绝不妨碍你的热情;你冷,我便凝固,绝不漠视你的寒冷。一言以蔽之,水的本质就是成人之美。

水的成人之美哪里只是待人接物?水利万物。

比如孕育生命:中国传统文化认为天人合一,阳光、空气与水阴阳交汇孕育出了生命,人是自然界万物的一分子。地球表面由71%的水覆盖,而人体中的水正好约占体重的70%。水贯穿人体生命运动的全过程,在身体里永不疲倦地溶化养分、运输营养、维护细胞、润滑关节、平衡体温。

比如载物行远:在母亲的子宫内,胎儿惬意地漂浮在羊水上,小手蜷握,蹬腿转身,渐渐地长大;在静谧的湖面上,明月、波光、夜风,一叶扁舟点缀其中,桨声咿呀,歌声朦胧;在苍茫的大洋深处,鱼儿在海藻珊瑚丛中穿梭,潜水艇悄然游弋,时刻准备蛟龙出海、剑指蓝天。水任劳任怨地肩负着我们的重托,承载着我们前行。

比如灌溉润物:有了水,万里防护林郁郁苍苍;有了水,亿万亩沃野麦浪飘香;有了水,桃红梨白、芳草含露、蜂忙蝶舞、春意喧喧,水毫不吝啬地普洒甘霖、润泽大地。

在学校、医院、厂矿、军营、餐馆、工地等,水在不同的时间空间、不同的领域行当中都是重要角色。

即便是审美抒情,水也在成人之美。走进杨柳依依的流水,会涌来柔美细腻的暖流,眺望大漠孤烟的长河,会掀起豪迈壮阔的波澜。江河湖海和溪汉渠湾相比,它们的大小形态与风韵气魄根本不同,会引发我们不一样的心动。即使是翻阅诗词画册,画面上形态多姿的水流也能勾起一道道的遐思。水墨画重写意,一张宣纸,一管毛笔,刷刷几下,远水迷离,近水汤汤,浪潮奔腾如马。不由叫你思索：中国写意画点染出的水重神似，欧洲工笔画描摹出的水重形似，孰高孰低呢？为什么东西方画廊有这么大的分野呢？是不同的思维方式造成的吗？诗词更令人神驰，“问君能有几多愁？恰似一江春水向东流”，江水东流，流去的是李煜终日洗面的泪水，流不尽的是亡国之君的悔恨。“飞流直下三千尺，疑是银河落九天”，从李太白的渲染夸张中，仿佛看到了他被唐玄宗供奉翰林后，“仰天大笑出门去，吾辈岂是蓬蒿人”的得意与可爱。

所以，水对人类至关重要，水的恩惠遍及各个角落，人类生存不可缺水。所以，老子视野高远、慧眼独具。

2. 君子若水蕴上善

水是上善，物质追求和生理需求都离不开水；精神追求和心理需求也离不开像水一样的上善，这就是善心爱心仁心德心。上善若水，君子若水，君子身上蕴蓄着的突出品质就是上善。人民安居乐业，社会安宁和谐，国家繁荣富强都离不开君子的穿针引线，离不开君子的上善大爱。

君子若水，君子身上很有一些水的品性。

比如纯粹如山泉。山泉水，是从万年雪山流下，是从千尺地脉涌出，是雨水经过山体的层层过滤而来，又融入有益的矿物质成分。所以，山泉水清澈甘甜，无杂质无污染。

君子多性情纯净，坦坦荡荡，没有过多的腻腻歪歪。柔石①纯若赤子待人至诚。每次与老师鲁迅上街，总是小心翼翼地搀扶着，生怕老师被汽车撞着，尽管他高度近视，自己也看不清路。每当鲁迅给他讲到社会上的坑蒙拐骗时，他总是惊疑地说，这是真

① 柔石：“左联”五烈士之一，1931 年 2 月 7 日与胡也频、李伟森、殷夫、冯铿一道被国民党枪杀。

的吗？怎么能这样？辛弃疾坚守本心，不忘初心。为收复中原，辛弃疾 22 岁就率领起义军投奔南宋，虽然一直不被重用，壮志难酬，但他 67 岁临终前仍连声高呼“杀敌”！

比如守信如潮汐。潮汐，是在太阳和月亮引力作用下，海水周期性涨落，潮汐涨落从不受外界干扰，十分靠谱；每每如一道道雷声滚来，惊涛拍岸，发出巨大的轰鸣。

君子重诺一诺千金，与如约而至的潮汐相似。1188 年，陈亮从浙江东阳到江西上饶拜访辛弃疾，两人都力主抗金志同道合。这次相聚源自 5 年前的一个约定，当年陈亮因遭人诬陷被关进监狱计划未能成行，一走出监狱就匆匆赶来。陈亮“佳人重约”的君子风范，辛词赞许，后世仰望。《韩非子·外储说左上》有一段曾子杀猪的趣闻：一天，曾子的媳妇去赶集，儿子哭哭啼啼不止，媳妇就说，你要是憋住不哭，等我从集市上回家就给你杀猪吃肉。结果，她刚一进家门，曾子就磨刀霍霍。媳妇连忙阻拦说，我那是哄小孩子的戏言。曾子正色道：你欺骗小孩子，就是教小孩子欺骗别人，不能言而无信。曾子到底还是把猪杀了。曾子杀猪引人警醒，君子诚信是从生活的点滴做起，是从儿童的启蒙开始的。

比如润泽如细雨。细雨有多细？它“像牛毛，像花针，像细丝，密密地斜织着，人家屋顶上全笼着一层薄烟”①“霏霏的毛雨默然洒在我脸上，引起润泽，轻松的感觉”②。细雨轻小软润，朦朦胧胧，像烟雾，像柔风，不沾衣，不湿鞋，落在土地上倏然不见。细雨又是柔腻酥松、悄然无声，“天街小雨润如酥”，吸上一口神清气爽。

君子的影响就像毛毛细雨，烟雾微痕、润物无声。“鞭打芦

---

① 朱自清：《春》。
② 朱自清：《歌声》。

花”“孔融让梨”“司马光砸缸”等小故事,“鞭”出了君子的仁孝,“让”出了君子的谦恭,“砸”出了君子的智勇,人物鲜活,渗入儿童的心田,催生善的萌芽,构建了儿童人生观的初基。而“人法地,地法天,天法道,道法自然”“厩焚,伤人乎?不问马”“法不阿贵”“不战而屈人之兵”等君子大哲的开讲,水滴石穿,融进了血脉,锤炼了筋骨,形成了思维方式,梳理成治国方略,汇集成中华文化的滚滚洪流。

(二)善为仁德源,无善非君子

1. 无上善则无厚德,无上善则无仁义礼智信

“上善若水”“厚德载物”。意思是崇高的善行能够像水一样成人之美,君子拥有厚德才能够承担重任。后半句反过来就是说人没有厚德不可占高位,就像浅水无力行船一样。上善的水流可载舟,厚德的君子可载物。

善与德是什么关系呢?

善与德,源与流。善是德之源泉,厚德源自小善。荀子《劝学》说:“积善成德。”离开了善,德就是无源之水,无从谈起。《国语·晋语四》说:“善,德之建也。”意思是善是积德的材料,德,是由桩桩件件的善行善举积累而成的,积小善能成上善,积小德能成厚德。打个比方:日常生活中用砖石泥沙造楼、用米面蔬菜做饭、用丝绸绢纺制衣,恰如积善成德,一块块砖石、一斤斤食材、一匹匹布料,就特定语境讲它们的功能单一,只能分别用于建筑、烹调和缝纫,这些材料就是小善,制成的楼房、饭菜、衣服就是小德,用途也单一,但是,多种小善叠加就是上善。楼房、饭菜、衣服及其他方面的小德集结起来,用途十分广泛,几乎包罗万象,就凝聚成了厚德。

上善与厚德并重,积小善成为上善,积上善成为厚德,没有上

善就没有厚德。

德与善，体与用。德是品性，善是举止。一内一外，一体一用；外表的善行如果是上善，内心的品德就是厚德。“善”，是会意字，上面一只“羊”，下面两个“言”，羊温顺柔弱，声音绵软。许慎的《说文解字》讲：“善，吉也，从言。”羊正在说好听的话，是“善”的本义，引申为善行。善言与善行多出自朴素的感性，是恻隐之心的油然而生。“德”，德行，是形声字。左边“彳”形旁，攀登的意思；右边也写成“悳”，声旁，意义同“德”一样，意思是要想获取“德”，要努力才行。郑玄说：“在心为德，施之为行。”[①]行，就是善举。由此可见：德，走心了，是善行不断地积累、不断地由感性到理性的沉淀、升华的成果。而厚德时的善举善行不再是纯恻隐，多由理性所驱使。

儒家的仁与礼同道家的德与善，都是体与用的关系。仁是内在，礼是外在。所谓礼，包含了由仁外化出来的所有忠孝诚信等。没有仁心，就不会有忠孝诚信；没有忠孝诚信，仁心就无从体现，就像一位名师，既不讲课又不著书立说，怎么能说他名副其实？就像一位名医，既不问诊开方又不指导学生或者研究攻克医学难题，何以见得他大医精诚？

德与仁，同一源。道家贵德，儒家贵仁。德来自善，仁也来自善。儒家的启蒙读物《三字经》开篇就是“人之初，性本善”。这里的善指善心。孩童的赤子之心单纯清澈，善心，发自天然，发自初始。但是，人在社会闯荡，就会不断地受到污染，学习能去除心灵被蒙上的污垢，回归本心。《论语·季氏》说：“不学《诗》，无以言”；“不学礼，无以立。”段玉裁《说文解字注》：“仁，从心。”仁也要走心，仁是靠不断地学习形成，靠不断的“己欲立而立人，己欲达而达人”

① 郑玄、贾公彦：《周礼注疏·卷十四》。

“己所不欲，勿施于人”的善行善举形成。因此，德与仁都指内心。

厚德从上善来，宽仁也从上善来，没有善行善举不能修德，没有善良之心、善行善举不能成仁。因此，没有上善，就没有仁义礼智信忠孝勇。仁与德是内在，其他都是外挂。仁德宽厚深广，一旦发酵就会绵绵不止。这正是圣贤所描述的“老吾老以及人之老，幼吾幼以及人之幼”“天地与我并生，而万物与我为一”的境界。

2. 无仁德不成君子

由善到仁德，由小善到上善，由仁善到宽仁厚德，是君子成长的道路，子曰：“君子去仁，恶乎成名？”[①]没有仁善不成君子，仁德是君子的共同点。

从古至今，各路君子密密麻麻，他们摩肩接踵走来，宛如一条川流不息的大河。在他们身上，君子的仁德特质的显现不完全相同。“吃百姓饭，穿百姓衣，莫道百姓可欺，自己也是百姓”是内乡县衙爱民；“清心为治本，直道是身谋”，是铁面包拯清廉；曾子杀猪是教子重诺；程门立雪是杨时尊师；孙膑被庞涓剜掉膝盖骨，写下了《孙膑兵法》是自强；陶渊明弃官归隐，“不为五斗米折腰”是正直；白居易写下大量新乐府诗，“唯歌生民病，愿得天子知”是恻隐；苏武匈奴牧羊 19 年汉节不改是忠义；朱自清宁可饿死，也不吃美国的救济粮是气节；焦裕禄为全县人民着想，是全心全意为人民服务的担当。

君子也是人，也有缺点甚至缺陷。岳飞忠君爱国，可“愚忠”太多，造成了收复中原功败垂成；东郭先生大慈大悲，但怜悯心滥用，差点被中山狼吃掉；张巡孤守睢阳惨烈无比，粮草颗粒全无时，杀爱妾给士兵充饥遭抨击不断；关云长千里走单骑不欺暗室，对刘备忠心耿耿，可高傲自负败走麦城；2020 年新冠病毒肺炎暴发，全国各地的医生护士驰援武汉与病毒搏杀，他们身上一定会

① 《论语·里仁》。

有或这或那的短板，但在关键时刻能够赴汤蹈火，爆发出不畏生死的强大的民族凝聚力。《鸿门宴》里樊哙对刘邦说，“大行不顾细谨，大礼不辞小让”。浙江杭州灵隐寺内有一副对联：“人生哪能多如意，万事只求半称心。”所以，看君子要看大节，只要大行过硬、根本健朗就是君子，不能过度求全。

不要以为君子都是文曲星转世，都风度翩翩温文尔雅，有的人是走卒贩夫出身，在陋巷蜗居，在草莽厮混，却能够仗义扶危。唐朝的南霁云，是河南清丰县人，他少年时家贫，在黄河上给人撑船，读书认字不多，但他忠勇刚烈、豪气干云。安禄山造反，睢阳城被围困，城里头树皮都吃光了。南霁云冒死冲出围城向河南节度使贺兰进明求援，贺兰见死不救，却想拉拢南霁云。面对招待他的酒食歌舞，南霁云悲怆地说：“云来时，睢阳之人，不食月余日矣！云虽欲独食，义不忍；虽食，且不下咽。”说完拔出佩刀“咔嚓”斩断一根手指，又转身一箭射中远处的佛塔，箭簇凝聚着他浓浓的愤怒没入了塔身半砖。他斩钉截铁地说：“吾归破贼，必灭贺兰！”①

如果成为君子，很多方面都可以有瑕疵，唯有仁德不可缺失。蔡京和严嵩大名鼎鼎。蔡京四任宰相，书法姿媚豪健、痛快沉着，冠绝一时，连著名书法家米芾也甘拜下风。严嵩也是天资聪颖，年纪轻轻就中进士、入翰林、平步青云，长久地把持朝政。他们都是聪明绝顶、才干非常，但共同点就是缺乏仁德心。他们权倾朝野，心狠手辣，铲除异己，败坏朝纲，成为另一类青史留名的标杆。

司马光说：“德胜才谓之君子，才胜德谓之小人。”②翻译过来就是，有德无才也是君子，有才无德就是小人。君子可以没有才干，但必须有仁善，如果像蔡京、严嵩那样心怀狡诈，才华越高就

---

① 韩愈：《张中丞传后叙》。

② 司马光：《资治通鉴·卷一》。

越是祸国殃民。

3. 君子仁善常处下

君子若水,水都是从高处往低洼处流,从不争上;如水般的君子与别人相处,也是低调内敛,让人舒心。有这么几种情形。

一是甘居人后。君子里有很多人都是才华卓著,可是他们不摆谱不自傲,反而经常在紧要关头虚位让贤,自己甘当绿叶。刘备的智囊徐庶,计谋迭出,接连大败曹军,曹营闻风丧胆。曹操说,这样下去不行,打听到徐庶特别孝顺,就叫人模仿了徐庶母亲的笔迹写信将徐庶骗回。徐庶不忍心离开刘备,但是母命难违啊,他骑马走出了蜀营好远,又急切切地返回来极力推荐诸葛亮。"元直走马荐诸葛"一幕感动了无数人。刘备问徐庶,他与诸葛亮比较咋样?徐庶正色道,譬犹驽马并麒麟,寒鸦配鸾凤耳!为了刘备的大业,徐庶毫不在乎诸葛亮的光芒会湮没自己,他谦逊低调,这就是君子胸怀。

如果说,徐庶是离开后才推荐了孔明;那么,许远极力让位给张巡,自己甘做副职应该是"现在进行时"。安史之乱时,叛军围困了睢阳城,张巡带兵来增援,许远是睢阳太守,察觉自己的才干不及张巡,就主动"授其柄而处其下"。两人精诚团结,"守一城,捍天下"。

甘居人后也表现为顾全大局、委曲求全。战国时期,赵国的蔺相如保护和氏璧完璧归赵,逼迫秦王为赵惠文王击缶,以其超绝的智勇官拜上卿,与廉颇并列。以攻城拔寨著称的廉颇不服气,觉得蔺相如上位全凭着三寸不烂之舌,就伺机挑衅羞辱。蔺相如是怎样处置的呢?他在朝堂上尽量地不与廉颇碰面,在路上偶遇时也掉转车头回避,处处忍让,避免出现两虎相争、亲痛仇快,让强大的秦国捡漏的局面。

二是贴心暖心。君子如玉,是说君子像温玉般滋养人,鲁迅就是块温玉。人们对鲁迅的深刻印象是战士，实际上鲁迅对朋友非常温暖。

为培养文学新军，鲁迅“吃的是草，挤出的是牛奶，血”：他时常为青年人改文章、跑印刷、设计版面，甚至亲自校对。在他悉心指导下，宫竹心、许钦文、叶紫、萧军、萧红、张天翼等一大批文学新人茁壮成长。

鲁迅呵护朋友倾心细心：柔石牺牲后，鲁迅感念柔石那双目失明的老母亲，就挑选了珂勒惠支的一幅木刻《牺牲》在期刊上发表，画面上一位母亲悲哀地献出了自己的孩子；鲁迅还惦记着柔石幼小的儿女，托人给了一笔不小的教育费。丁玲遭绑架后，传言已被杀害，鲁迅赶紧催促良友复兴出版公司加快出版了丁玲的书稿《母亲》，将稿费一点一点地寄给丁玲的母亲，生怕被人假冒瓜分。

对学生后辈，鲁迅很宽容：章廷谦是鲁迅的绍兴老乡，比鲁迅小20岁，小说集《呐喊》出版，鲁迅想送他一本，可章廷谦坠入了情网没时间接受。《中国小说史略》（上册）出版，章廷谦还沉醉在情人的拥抱里。鲁迅无奈，只得在送他的书上提了一首小诗调侃，“请你从‘情人的拥抱里’，暂时汇出一只手来，接受这干燥无味的《中国小说史略》”。鲁迅是文坛领袖，章廷谦竟如此怠慢，鲁迅却不以为忤。

三是滴水涌泉。《诗经·卫风·木瓜》说：“投我以木桃，报之以琼瑶。”投桃报李是君子的品质，哪怕只是一饭之恩。金庸的《倚天屠龙记》里，张无忌小时候中了一记玄冥掌，张三丰带他到少林寺求药，路遇周芷若，在船上周芷若见他疼得不肯吃饭，就柔声细语劝他，一口一口喂他。喂饭之恩刻骨铭心。多年后，在光明顶正邪大战中，为帮周芷若免遭猜忌，张无忌竟故意被周芷若一剑洞穿。淮阴侯韩信一饭千金是真实版。韩信年轻时很穷苦，时常食不果腹，一位在河边浣洗的老婆婆看他饥饿，就不断地给他饭吃。后来韩信飞黄腾达了，就赠送千金来报答那位婆婆。

结草衔环、反哺跪乳等有点虚渺，一饭必谢、滴水涌泉则是君子的现实准则。《三国演义》里关羽华容道义释曹操一段，小说在对刘备的忠和对曹操的义的矛盾中刻画了关云长的大义。当初，曹操对关羽上马金下马银，关羽仍身在曹营心在汉，可是在生死关头，关羽却放过了曹操。这虽是小说家的构思，却是对滴水涌泉的最佳阐释。

精神层面上的滴水涌泉同样荡气回肠。春秋楚国人伯牙善弹古琴，有“伯牙鼓琴，而六马仰秣”[①]的神奇。古琴长三尺六寸五，象征三百六十五天，琴体上圆下方，象征天圆地方，有头、颈、肩、腰、尾、足与人体相似。古琴就像天地人结合的一个灵器，伯牙与古琴血脉合一，能叫古琴吞吐天地之气，遏止行云流水。

一个皓月凌空的傍晚，江水如练。伯牙走到江边，席地而坐，净手焚香。“泠泠七弦上，静听松风寒”，一曲高山一曲流水让过路的锺子期听得如醉如痴。锺子期是个樵夫，却沉迷在高山流水里。阳春白雪，知音难求，除了惊喜还是惊喜！两人惺惺相惜，互道再见。但是，再见锺子期时，斯人已化作一抔黄土。宝剑赠侠士，知音已去，天籁给谁？伯牙将琴摔得粉碎，从此不再鼓琴。

四是不亏别人。要想公道，打个颠倒。君子做事往往先考虑别人的感受，宁可亏我，不亏别人。春秋时期，齐国的管仲与鲍叔牙两人时常搭档做生意，管仲入股很少，分红时拿钱很多，鲍叔牙的手下经常抱怨，鲍叔牙禁止手下瞎说，解释说管仲不是贪财，是因为家贫要养家。鲍叔牙这么暖心，管仲十分感动：“生我者父母，知我者鲍子也。”[②]管仲打仗时爱逃跑，鲍叔牙不认为是胆小，知道他有老母

① 荀子：《劝学》。

② 司马迁：《史记·管晏列传》。

亲要赡养；管仲三次被国君驱逐，鲍叔牙不认为他无能，知道他时运还没到。不管何时何地鲍叔牙都会成全管仲的名声。

鲍叔牙是处处不亏管仲，村官李连成则是事事不亏村民。李连成是豫剧《村官李天成》中李天成的原型，李天成“当干部就应该多吃亏”的名言，浓缩了李连成的当官生涯。之前，李连成是村里首富，自 1991 年担任河南省濮阳县西辛庄村党支部书记，带头吃亏。他把自家价值 100 万元的再生纸厂，以 68 万元转让给村里；他带头拆除了自家的小洋楼，把最好的宅基地让出去；他无偿地把自己的三座蔬菜大棚转让给了最困难的村民。正因为李连成肯吃亏多吃亏，如今，西辛庄村早已是家家小洋楼，用水用电看病上学全免费。

君子处处礼让以他人为先，这不是简单的与世无争，更不是怯懦，好钢用在刀刃上，该出手时他们绝不手软。对廉颇一让再让的蔺相如，敢在五步之内溅血逼秦王为赵王击缶；让贤退位给张巡的许远，为守睢阳城慷慨赴死；对朋友贴心暖心的鲁迅，对他的论战对手一个也不宽恕。

君子低调，俯首甘为孺子牛，只是对朋友、邻舍、自己人。他们关键时刻敢于对恶势力横眉冷对，是因为他们胸怀大格局，知道进退，仁爱当先，家国天下。

（三）多仁善君子，多社会和谐

1. 多一点仁善多一分美

社会的最佳形态是和谐，这时候各种矛盾趋于平稳，各阶层的人群相安无事，政通人和，兼爱非攻。虽然和谐是矛盾运动的一个阶段，不可能永远留驻，但人心都很向往。怎样才能达到或接近并使这个阶段相对长久呢？君子越多，人心越善，就离目标越近。

玉柔润晶莹，滋人养人；水清澈绵密，生发万物；君子如玉如水，以仁善待人做事，以善行善举感动着社会。林业职工赵希海，退休后一改伐木老本行，义务植树 18 万株，用仁善之心给长白山编织了一大片绿荫。北京 87 岁的“扫桥爷爷”窦珍，义务扫桥十一年，每天都拿着笤帚、抹布、垃圾斗，来到右安门附近，打扫一座 120 米长的过街天桥，用平凡爱心给路人提供一段干净的路面。

己欲立而立人，己欲达而达人；己所不欲，勿施于人。这是儒家的仁善之道。不管是进是退，都站在对方或大众的位置思虑，都能够尽量地来成人之美，这样的人就是仁善君子。他们仁心待人，行好心安，送人玫瑰，手有余香。

如果神州大地上君子摩肩接踵，多如千树万树，多如铺天盖地，那将迎来一个云蒸霞蔚的美景，我们将生活在一个君子谦让、和睦共美的国度。清代李汝珍的《镜花缘》第十一回就描写了一个仁善的君子国。“耕者让畔，行者让路，……而且士庶人等，无论富贵贫贱，举止言谈，莫不恭而有礼。”君子国里有一大奇观就是“好让不争”。做买卖时，卖方嫌买方出价高，买方嫌卖方要价低，真正让得难分难解。

这是李汝珍的憧憬，憧憬虽诱人，但十根手指头伸出来怎会一般的长短？不过，通过学习与自省，多数人朝向君子的行列靠拢是很可能的，“蓝田日暖玉生烟”，整个都市村镇山寨水乡将会正气涌动、春风化雨。

从北宋到南宋，儒家文化主导朝野，文人士大夫高擎仁义礼智信大旗，贩夫走卒、市民百姓血管里流淌着忠君爱国的基因，政治宽松、社会安宁，强大的正能量就像滚滚春潮，催生了两宋诸多美好：经济世界独大，文化三教合一，宋词低吟浅唱，科技震古烁今。宋太祖明令不杀上书言事的读书人并刻石传世，包拯直言谏上唾沫星乱喷宋仁宗浑不介意[1]，张载为天地立心，杨家将满门忠烈，岳家军“冻死不拆屋，饿死不掳掠”，范仲淹、欧阳修、苏东坡、王安石、司马光、程颢、程颐、张择端、李清照、辛弃疾、陆游、朱熹等一大批文化巨星经纬天地……这几乎就是君子国的缩影啊，难怪英国史学家汤因比说：“如果让我选择，我愿意活在中国的宋朝。”[2]

2. 多一位君子多一方安

任何时代，君子都是社会的中坚、民族的脊梁，在国家多难时扶危济困，在百姓需要时挺身而出。君子灼灼闪烁，照亮了民族繁荣的航道，为社会安好尽心尽力。

英雄是君子辈的翘楚，在国家离乱之际，他们横刀立马，抛头颅洒热血，留取丹心、气贯山河。一个个数不胜数的大名早已化为民族历史节点上的符号。

和平年代的君子英雄同样可敬可爱，他们就是身旁的左邻右舍。李学生，是河南商丘农民，在温州金沙滩休闲鞋厂打工，2005年2月20日，他看见一列火车呼啸而来，有两个儿童惊呆在铁轨上，他飞奔迎上救人，被火车撞飞。王峰，是河南南阳人，2016年10月1日，小区着火，他三次冲进火海救出多名邻居，自己被烧成了炭人，烧伤面积达98%。李学生和王峰，平日就像邻家大哥，在紧要关头爆发出强大的英雄气，真正是“作为平凡之人而作出不平凡壮举的英雄”[3]。平民英雄，护佑着百姓，仁善光辉，感动了中国。

---

① 朱弁：《曲洧旧闻》卷一。

② 高建军：《一样的古都　别样的开封》，《人民日报》（海外版）2018年10月24日。

③ 2005年时任浙江省委书记、省人大主任的习近平对李学生见义勇为事迹的批示。

英雄凌绝顶，一览众山小。不过，默默奉献的君子可能更接地气，更见于日常，照样能传递安全和温馨。重庆乡村女教师刘明静，她所在的铜梁区少云镇关溅小学的学生有琼江对岸的留守儿童，幼小的孩子每天都要乘船过江上下学，曾发生过学生差点掉进江水里的事情，家长们都提心吊胆。刘明静郑重对家长承诺：每天都安全护送孩子们渡江。没想到，一个承诺她竟然默默坚守了 13 年，从开始护送班里的两三个，到护送全年级的二十几个，她起早贪黑，用自己的艰辛换来无数家长的放心。[①]

20 世纪 60 年代，雷锋精神、焦裕禄精神响彻了神州大地。雷锋暴风雨中送大娘回家，寄钱给灾区人民，他不断地做好事，为国家强大、社会平安发光发热；焦裕禄在兰考，拖着病躯帮助兰考人民战胜风沙、盐碱与洪涝，一年多里，他走访了兰考 120 多个大队，为群众排忧解难，用无与伦比的忘我精神诠释了共产党人为人民谋幸福的本质，为党风建设注入了强大的动力。雷锋和焦裕禄是儒家君子人格的现代实践和创新，易学易行易见成效，很快的，国家面貌万象更新，党员干部公而忘私，社会上下人心向善，诚信助人成为大家的自觉追求，甚至，夜不闭户、路不拾遗已不是奢望。

那可是在物质生活相对匮乏的时候啊，人们都在节衣缩食，所以，更觉平民英雄、平民君子的难能可贵。之所以会是这样，一是有毛泽东思想指引，二是艰苦朴素、与人为善等优良传统没有丢掉，三是经常学习自省，四是心头有共产主义的坚定信仰。人民有了信仰，民族才有希望。

根据劳伦斯·彼得的木桶理论，木桶平放时能盛多少水取决于最短的那块木板。如果木桶一圈的每一块木板好比人口质量，

---

① 《第八届全国道德模范候选人事迹》，《人民日报》2021 年 7 月 15 日。

木桶盛满水好比社会文明,君子越多,短板就会越少,这时候,尽管水还不够满,但未来已经可期。

四、君子清流，梅兰松竹

君子有“清流”，君子像梅兰……清流是君子的一种特别群体，梅兰竹菊松的气质是君子的个性神韵。古往今来，在庙堂之上、山野之中，花木中的极品梅兰竹菊松红火了半边天。梅竹松是岁寒三友，梅兰竹菊是花中四君子。不论是凌寒怒放，还是傲然挺立，或者是幽谷淡然，她们都能从不同侧面折射出君子的风采，其形神品节化身为众多文人士大夫的精神内核，也为千家万户所喜爱。

(一)君子与清流及梅兰竹菊松之关系

1. 君子谓清流

“清流”是君子的一种，指德行高洁大名鼎鼎的士大夫。顾炎武的“读书通大义，立志冠清流”[①]和李大钊的“社会上有一二清流学者，很得大众的信仰”[②]，可以佐证。

清流君子个性鲜明，大都是特立独行，既清高矜持又不畏强权，视奸佞如仇雠。东汉著名的清流君子李膺，对朝廷忠心耿耿，

① 顾炎武:《梓潼篇赠李中孚》。

② 李大钊:《混充牌号》。

与鲜卑人打仗奋不顾身，与朋友相处同舟共济。为了反对宦官专权而整肃纲纪，眼中不揉沙子。宦官张让的弟弟张朔贪残无道，因害怕李膺就逃往京师，藏匿在哥哥家中的合柱[①]里。李膺亲自率人去破柱抓人，先斩后奏，以雷霆万钧的威势震慑了一帮宵小，被誉为“天下楷模”。[②]

可惜，皎皎者易污，清流君子最容易遭到戕害。唐天祐二年，梁王朱全忠在滑州（今河南滑县）白马驿，让人一夜弄死了左仆射裴枢、静海军节度使独孤损、右仆射崔远、吏部尚书陆扆、工部尚书王溥、太子太保致仕赵崇以及兵部侍郎王赞等三十多人，并把他们的尸体投进河里，制造了骇人听闻的“白马之祸”。这些士大夫都是有名的衣冠清流。朱全忠的亲信李振说：“这些人自称清流，就应该投之于黄河，让他们永为浊流。”[③]欧阳修在《朋党论》里沉痛地讲述了这桩惨祸：“唐之晚年，渐起朋党之论。及昭宗时，尽杀朝之名士，或投之黄河，曰：‘此辈清流，可投浊流。’而唐遂亡矣。”

清流的“清”，是清纯、清幽、清傲的意思；清流的“流”，是奔腾不止的意思。淙淙的流水清澈透明，喧腾的浪花辉映着阳光。清纯是清流的第一解：为什么会清纯？清流从雪山走来、从地脉走来，人迹罕至、万籁俱寂是她生成的禀赋，高处不胜寒、深处空寂寥是她化育的形态。清幽是清流的第二解，又是清流所以成其清流的重要原因：奇花生成有机缘，雪泉清幽有缘由。清流所流淌的区域多半是月朗风清、柳绿花红、蒙雨飞瀑，河床里的鹅卵石玲珑圆润，鱼翔浅底，雁掠长空，仿佛童话世界。清傲是清流的第三解：清流在流淌中可能会有尘渣污水侵入，但很快就会被激浊

① 由数木合成的空心之柱。

② 司马光：《资治通鉴·卷五十五》。

③ 司马光：《资治通鉴·卷二百六十五》。

扬清，质本高洁的清流怎么会随便与沟渠合流？清流奔腾不息流水不腐，洋溢着蓬勃的活力，所经过之处，大地尽染生命的绿色。

自然界的清流，能给予万物以生命需求的汁水，雪山地脉孕育了她清纯的气质和傲然独洁的个性。这正是清流君子的个性：上善、清纯、讲原则。

清流君子有别于大众君子，他们很多人身在体制内，心怀社稷，刚正不阿，弥漫着书卷气，是君子中的一朵夺目的奇葩。清流和清流君子，他们的相似点契合度很高。用清流比喻君子，君子就有了人与自然的双重美好；让君子与清流齐驱，更显人与自然的多种属性相连。

2. *三友四君子*

岁寒三友和花中四君子人所共知，草木为什么成了我们的益友甚至被冠以“君子”的美称呢？

万物本一源，草木喻君子。在天地规律的驱动下，产生了人与万物，不论是动物、植物还是其他生命体，都有一个从出生到老去的过程，在地域和时令的左右下，每一个生命都有寿长寿短、耐寒耐热、娇柔粗糙等不同的特征，而形形色色的生命规律都是由天地运行总规律统摄，正如佛家说的“一月普现一切水，一切水月一月摄”，所以，人与万物的内在品质、外形特征及情感流露多有相似或相关点，这就推动了我们把不同的事物拿来比喻、拟人、象征，以物喻人、托物咏志。

中医把人体视为小宇宙，认为人体的阴阳矛盾与天地的阴阳平衡相通，就有了调整阴阳失衡的中医学理论；林黛玉小荷尖角，才华堪比灵运文姬，可她病弱娇喘寄人篱下，随时都会花谢花飞魂消香断，因此她的《葬花词》中的“桃李明年能再发，明年闺中知有谁……试看春残花渐落，便是红颜老死时”，以花喻人如杜鹃啼血；《诗经·秦风·黄鸟》：“交交黄鸟，止于棘。谁从穆公？子车奄息。”以黄鸟在荆棘树上惶恐不安地跳来跳去起兴，来凸显秦穆公帐下的猛士子车被迫来殉葬时惊恐万状的情景，具有移动着的视觉冲击力。

古人说：“形在江海之上，心存魏阙之下。”身在原野游荡，心想在朝堂做官。“寂然凝虑，思接千载；悄焉动容，视通万里。”凝神思考时，能遥想到千年之前，悄然动容时，能放眼到万里之遥。[①]世界是一个巨大的系统，思维与审美过程很奇妙，不受时间与空间的限制。

有一种修辞格叫通感，就是把人的听觉、视觉、嗅觉、味觉、触觉等辗转腾挪，把本来表现甲感觉的词移来表现乙感觉，更能使人体验到花鸟虫鱼听看嗅触等不同事物不同感觉在审美过程中的拆分交错和浑然一体。看朱自清的《荷塘月色》：“微风过处，送来缕缕清香，仿佛远处高楼上渺茫的歌声似的。”清香是嗅觉，歌声是听觉，荷塘的清香袅袅，依稀的歌声也袅袅，朦胧渺茫中，在生活积累的助推下，不知不觉地嗅觉就幻化成了听觉。

人们很喜欢借梅兰竹菊松来吟诗作画抒怀咏志，而且梅兰竹菊松代表的意象逐渐固定，松与竹严冬盎然，梅花凌寒怒放，人称“岁寒三友”；梅踏冰卧雪，兰幽谷芬芳，竹挺拔潇洒，菊独立特行，被誉为“花中四君子”。她们独有的形象与节操在生活中大放异彩，成为众多文人士大夫的精神追求。

梅兰有特质，君子有所爱。梅兰竹菊松具有超高的人气，她们禀赋气质鲜明，不管是不畏严酷、暗香盈袖，还是幽处淡然、虚怀直节，都与儒家追求的君子人格相通。每个人的趣好审美不同，对梅兰竹菊松的偏爱就不一样。屈原钟情于兰：兰代表了高雅，“扈江离与辟芷兮，纫秋兰以为佩”“余既滋兰之九畹兮，又树

---

① 刘勰：《文心雕龙·神思》。

蕙之百亩”[①]。江离、辟芷与兰、蕙都是香草，披香芷、戴秋兰，栽培春兰、种植秋蕙，屈原感觉颇好。郑板桥属意于竹：“四十年来画竹枝，日间挥写夜间思。冗繁削尽留清瘦，画到生时是熟时。”[②]郑板桥一生耗费了很多的时间写竹画竹。

（二）庄周梦蝴蝶，梅兰即君子

1. 梅兰竹菊松意象渗透君子个性

《庄子·齐物论》说，有一天，庄子梦见自己幻化成了一只蝴蝶，蝴蝶扇动翅膀，翅膀掠过花丛，翩翩起舞，尽享在空中自由翻飞的快乐……

大自然的造化无所不有，蓝天上鸽雁梳理白云，林梢间猿猱飘忽飞掠，深海底鱼龟闲庭信步，半夜里蝙蝠靠超声定位目标。同为造化物，人是万物灵长，人心不甘啊，就模仿蜻蜓造飞机，模仿游鱼造潜艇，模仿蝙蝠造雷达，兔子蹬鹰，灵猫捕鼠，五禽戏，猴拳……五花八门。人类渴望有各种比肩自然的品质技能，像松柏苍翠常青，像兰草喷吐幽香，像修竹直节不改，像金菊深秋绽放，像蜡梅凌雪迎春。

梅兰竹菊松秉承日精月华，身上的自然属性洋溢着满满的正能量，她们传递温馨，惹人爱怜，使人昂扬。人们视其为挚友，愿借助其高雅的品性抒情写意。所以，诗人画家或诗或画或咏梅或题竹，多渗透着创作者与被创作对象心性贴近的鲜明特征。

鲁迅有一枚图章，上刻着“只有梅花是知己”，小时候，为给父亲看病，鲁迅常来往于当铺与药铺之间，饱尝了亲戚们的白眼。清高孤冷的梅花抚慰了他孤寂骄傲的灵魂。陶渊明不愿为五斗

---

① 屈原：《离骚》。

② 郑板桥：《题画竹》。

米折腰，归隐田园，“采菊东篱下，悠然见南山”，摇曳的菊影映衬出诗人恬淡的性情。李白有一首《古风》：“孤兰生幽园，众草共芜没。”馨香四溢的兰花在诗人眼里怎么这么潦倒？原来李白虽曾被唐玄宗供奉为翰林，并“御手调羹以饭之”，可也被唐肃宗流放过，得意时“仰天大笑出门去”，从政失败后“抽刀断水水更流”。大起大落的李白与“虽照阳春晖，复悲高秋月”的幽兰同气相求。

王国维在《人间词话》里谈论情与景的关系时说，“以我观物，故物我皆著我之色彩”。意思是花鸟风月本是无情物，人赋予了它们喜怒哀乐，比如“泪眼问花花不语，乱红飞过秋千去”，比如“可堪孤馆闭春寒，杜鹃声里斜阳暮”，所以，月光可以皎洁、可以柔和、可以清冷、可以凄迷。毛泽东的胸襟如海乐观浪漫，因而，毛泽东笔下的梅菊松都是自信而喜庆，像气宇轩昂的战士，又像阳光少年春风少女。“暮色苍茫看劲松”“梅花欢喜漫天雪”“战地黄花分外香”等，提升了松梅菊的品质，聚焦了毛主席的伟大情怀。

以花誉人、借物悯人，照样能张扬作者的个性。白居易当过谏官，因直言敢谏而屡遭贬谪，他写了很多新乐府诗，为宫女、织女、遭抛弃之女等底层小人物鸣不平。“有松百尺大十围，生在涧底寒且卑。涧深山险人路绝，老死不逢工度尺……”新乐府《涧底松·念寒隽也》是以栋梁之材的巨松比喻超群的青年才俊，用深谷巨松的不见天日比喻地位卑微的才俊不被人海钩沉。“君不见沉沉海底生珊瑚，历历天上种白榆。”发自肺腑的呼唤，折射出了白居易直立青松般的节操。

2. 梅兰竹菊松化为君子的内在驱动

庄子梦中化蝶，享尽了蝴蝶蹁跹的快乐。可是，梦醒后依然是庄子。是庄子梦见了蝴蝶？还是蝴蝶梦见了庄子？尽管庄子恍恍惚惚，但一叶知秋，可知人与物在特定环境里可以沟通。

人是沧海一粟，和众生在同一方天地做邻居，朝饮晨露，暮浴晚霞，耳濡目染，不管是情感还是需求，人与禽鸟猫狗都有相通处。花草要饮水晒太阳，牛被拉去屠宰前满眼含泪，鸟临死时鸣叫哀伤，猫见主人回家会撒欢打滚儿，狮豹一样疼爱幼崽儿，雄性禽兽求偶也秀颜值秀肌肉。情感是生灵共有的，时间久了，物我相连，人能与花鸟虫鱼共忧乐。辛弃疾赋闲在江西上饶，种菜啜茶、聚友纵论，青山绿水就是他的左邻右舍，“我见青山多妩媚，料青山见我应如是，情与貌，略相似”是他心灵的物化；苏东坡谪居赤壁，看山高月小水落石出，“侣鱼虾而友麋鹿”“挟飞仙以遨游”，无限地回归自然；林逋梅妻鹤子；陆游“一树梅花一放翁”。

庄子说：“天地与我并生，而万物与我为一。”大道孕育了众生，众生之间就一定有互通的管道，能为正人君子提供元气，以梅兰竹菊松为友能砥砺意志。《沙家浜》里，郭建光率领新四军伤病员在芦苇荡与日寇周旋，“要学那泰山顶上一青松……八千里风暴吹不倒”，环境恶劣，心性却坚定。渣滓洞里，“红岩上红梅开，千里冰霜脚下踩”，被关押遭酷刑的共产党人，意志如铁，红梅朵朵向阳。

秋菊灿灿，冬松茁茁，陈毅特别喜欢松与菊的逆势出彩的风格，并在战场上锤炼心性升华品格。“秋菊能傲霜，风霜重重恶”“大雪压青松，青松挺且直”。[①] 1936 年，伤病缠身的陈毅带领赣南游击队在江西梅岭山里被国民党重兵围困，几次命悬一线。面对死亡，他像青松不凋，像金菊不屑风狂雨骤，“断头今日意如何，创业艰难百战多。此去泉台招旧部，旌旗十万斩阎罗”[②]。陈毅笑谈生死，视死如归。

---

① 陈毅：《秋菊》《青松》。

② 陈毅：《梅岭三章》其一。

人的意念附着于草木身上，品咂其品性，与之心灵相通，才能化为人的精神动力。南宋被元灭后，郑所南画兰花，从来不画根，看上去兰花在风中飘忽不定。兰花就是郑所南，兰花的形神就是郑所南的意念，画家心怀南宋，耻与元朝为伍。郑板桥画了一辈子竹，竹的心性早已融进画家的灵魂，“咬定青山不放松，立根原在破岩中。千磨万击还坚劲，任尔东西南北风。”①他为官就是这样坚劲，两袖清风，狷狂爱民，难得糊涂。苏轼说：“宁可食无肉，不可居无竹。无肉令人瘦，无竹令人俗。”②脱俗，是苏轼写竹画竹、对竹从大局观着眼的概括，也是他超拔人生的映照。苏东坡书与画自成大家，诗词文冠绝两宋，与结发妻子王弗的恩爱千古流传。

屈原尤其崇高。他绑定了兰草，在他的世界里，宁与蕙兰辟芷共浮沉也不改弦更张。他披兰戴蕙、种兰植蕙，兰、蕙是他的心灵追寻，是他的生命。眼瞅着正义被邪恶糟蹋，兰芷不再芳香，荃蕙化为茅草，屈原只能投江汨罗，连同他心中的香草一同毁灭。

（三）君子清流的继往开来

1. 清流禀赋在传承

为什么大地春常在，英雄的生命开鲜花，中华的历史正是有了无数的清流君子的不怕牺牲才更加鲜活。殷纣王的叔父比干，见纣王暴虐无道，就常常冒死劝谏，惹恼了纣王，被剜心而死；周亚夫驻守细柳营与匈奴对峙时，汉文帝来视察，为防止敌人突袭，周亚夫甲胄在身只“以军礼见”，而且让天子“按辔徐行”，并不像其他将领一样点头哈腰高接远送，多亏汉文帝是一个明君，要不

① 郑板桥：《竹石》。

② 苏轼：《於潜僧绿筠轩》。

然……

清流君子耿介、不屑阿谀，因此不断地遭绞杀，可他们痴心不改，汉唐之后仍如千树万树花满枝头。

范仲淹秉公直言不计个人安危。宋仁宗 19 岁时，章献太后依然临朝称制把持着军政大权。冬至，仁宗准备率百官为太后祝寿。范仲淹认为这样就混淆了家礼与国礼，坚决反对，又上书给太后，请求还政于仁宗。晏殊大惊，批评他胆大妄为。范仲淹凛然坦言："不以富贵屈其身，不以贫贱移其心。"侍奉皇上"我发必危言，立必危行，王道正直，何用曲为？"①

王安石改革虽遭罢相永不言悔。北宋熙宁年间，王安石变法遭到了保守派空前激烈的挞伐。御史中丞吕诲声讨王安石变法之过；御史刘述、刘琦、钱顗、孙昌龄、王子韶、程颢、张戬、陈襄、陈荐、谢景温、杨绘、刘挚，谏官范纯仁、李常、孙觉、胡宗愈等，皆因反对变法相继离开朝廷；司马光三次写信给王安石，要他废弃新法恢复旧制；曹太皇太后、高太后也向宋神宗倾诉王安石变法致使民怨沸腾，宋神宗满面愁容，变法之心动摇。② 但是，王安石为了扭转北宋积贫积弱的态势，始终高擎"天变不足畏，祖宗不足法，人言不足恤"大旗，几乎以一人之力对抗天下，蹒跚前行。

左光斗对抗权宦魏忠贤刚直不屈。明朝末年，阉党把持朝政，左光斗弹劾魏忠贤，反而锒铛入狱遭炮烙③重创。史可法听说老师左光斗朝夕不保，就设法买通了牢卒混进去。看见左光斗靠墙而坐浑身冒血，顿时泣不成声。左光斗听见声音，知道是最喜欢的史可法，可眼睛睁不开，就用手使劲扒开眼皮，喝道："蠢材！

---

① 范仲淹：《上资政晏侍郎书》。

② 脱脱：《宋史·王安石传》。

③ 殷代所用的一种酷刑。用铜柱加炭使其热，令有罪者行其上。见《史记·殷本纪》。

国家糜烂至此，我已经命不长久，你再跑来等着被奸人构陷吗？快走！不走我就打死你！”边说边摸地上的铁镣做投击状。

…………

江山代有才人出，簇簇清流润神州。朝代走马灯，社会鱼龙舞，刚正不阿的清流禀赋，一直薪火相传，照亮了新时代的年轮。

精神独立、铁骨铮铮是一大亮彩。1937 年，北京沦陷，当时陈寅恪先生的视网膜脱落了，为避免被日寇汉奸胁迫做事，他毅然放弃手术，导致了双目失明。1962 年，掌握着知识分子生杀大权的康生，来到陈寅恪任教的中山大学，点名要见陈寅恪，被他断然拒之于门外。[①] 民国时期的傅斯年不遑多让。他对蒋介石很尊重，但绝不言听计从。1944 年，傅斯年在参政会上向行政院院长孔祥熙发难，揭发他贪污舞弊。蒋介石想斡旋就请他吃饭，问他：“你信任我吗？”傅斯年答：“我绝对信任。”蒋介石说：“你既然信任我，那么就应该信任我所任用的人。”傅斯年立刻说：“委员长我是信任的，至于说因为信任你也就该信任你所任用的人，那么，砍掉我的脑袋我也不能这样说。”[②]

虽之夷狄，不可弃也是内在品质。开国大将徐海东原是张国焘手下的悍将，张国焘闹分裂后，徐海东指挥的红十五军团控制了陕北，他不为所惑，心系中央。可毛泽东不知道啊，两人素未谋面，他会不会听张国焘的？当时，毛泽东的中央红军饥寒交迫，就试探着向徐海东借钱。徐海东只有 7000 多大洋，一下给了毛泽东 5000 块，是给，不是借。徐海东当即表态，完全服从中央领导。骅骝向北、越鸟向南，毛泽东感动得落泪。毛泽东常说，徐海东是“对中国革命有大功的人”[③]。

---

① 林生：《陈寅恪的骨气》，《青年文摘》（红版）1998 年第 4 期。

② 石兴泽：《傅斯年与他同时代人·序言》，河南人民出版社 2005 年版。

③ 王传利等：《切实提高领导干部“政治三力”》，《广州日报》2021 年 3 月 15 日。

当代清流，大爱无疆是国家标记。“敦煌女儿”樊锦诗，1963年北大毕业后献身大漠敦煌，从豆蔻红颜到鬓霜点点，作为妻子，与丈夫两地分居19年，作为母亲，鞭长莫及孩子的成长，可她完成了敦煌莫高窟的分期断代和构建“数字敦煌”等重要研究，为保护敦煌贡献卓越；“小儿麻痹糖丸”之父顾方舟，1957年临危受命研制小儿麻痹疫苗。在云南大山深处，除在自己身上试验，还瞒着家人忍痛让1岁多的儿子试药。“糖丸”使我国小儿麻痹年平均发病率从1949年的10万分之4.06，下降到1993年的10万分之0.046[①]，直至清零；抗疫英雄钟南山院士，在抗击新冠病毒肺炎战役中，不顾84岁高龄，日夜奋战在武汉抗疫最前线……

2. 腹有诗书气自华

清流禀赋得天独厚，来自中华历史传统，来自儒家君子人格，来自中国人的家国情怀，来自独特的整体思维所凝聚的中华民族精神。这些文化瑰宝，都是由一个个活生生的人物、由一桩桩鲜亮亮的事件、由一次次价值观的碰撞、抽象或升华，定格在经史子集中。

书中自有黄金屋，书中自有颜如玉，实际上，书中自有夏雨冬雪，自有羽扇纶巾，自有天地宇宙。腹有诗书气自华，清流秉性、君子人格、浩然之气等，除去遗传、环境、家风等因素，多由书籍得来。

诗书典籍里封印着清流文化的长江大河。巴颜喀拉山的源头细小，流淌成了烟波浩渺的大川；一家之言的先秦儒学，发展到宋就成了博大精深的官方哲学。文明发展的辙印就拓片在一册册、一页页、一帧帧上。从忠孝诚信、家国情怀、君子人格、舍生取

---

① 金振娅：《顾方舟：人生为一大事来，做一大事去》，《光明日报》2021年11月21日。

义等清流君子的伦理揭示,到司马宫刑、白马之祸、乌台诗案、公车上书等君子追求造就的社会悲情,再到屈原汨罗忠心、苏武牧羊鬓霜、包拯呵斥权贵、彭德怀庐山上万言书等清流君子立于天地间的风姿,波涛滚滚,荡涤着历史污浊,陶冶着民族性格。无数人从清流文化的大书里传承了这种民族基因,成长为中流砥柱。

文献史册里洋溢着中国共产党人的追求与性情。中国共产党人的追求是实现平等,人民至上,这是马克思主义与中国革命实际结合的产物,中国共产党人不怕牺牲前仆后继,是格局与信仰的驱动,更是忠诚爱国的清流风骨的传承。中国人讲究大河没水小河干,为国家赴汤蹈火。朝鲜战场上,骡马化的志愿军打败了机械化的美军,为了胜利,黄继光、邱少云、杨根思甘愿粉身碎骨;在个人自由神圣不可侵犯的西方,新冠病毒肺炎肆虐横行,仍阻挡不住不少人拒戴口罩我行我素,导致疫情愈演愈烈。井蛙不可语海,夏虫不可语冰,中国共产党人的坦荡刚直不可与三观不同的人说。中共"八大"期间,彭德怀质问苏共代表团的米高扬,斯大林生前你们百般称颂,死后为什么又践踏得一无是处?米高扬苦笑着说,当时谁敢说啊?谁说谁要掉脑袋。彭德怀足足盯了米高扬五秒钟,右臂忽然抡起,"怕死还当什么共产党员!"[①]中国共产党人特有的清流禀赋君子神采,闪烁于文字,流淌于史册。

河海不拒细流故能就其深。心地、性情、气质、格局从哪里来?第一是读书,第二还是读书,虽然说地域、环境、家教的熏陶也举足轻重,可读书必不可疏离。好书是空气叫人舒爽,好书是日光给人阳刚,好书好像看不见的道,无为而无不为。韩非子师从大儒荀子,又熟谙商鞅、申不害等法家诸贤,博览群书,群书化为涓涓溪流,伐骨洗髓,终于集法家之大成,他的《五蠹》《孤愤》,

---

① 权延赤:《龙困与微行》,中国文联出版社2000年版,第2页。

让秦始皇高山仰止,“寡人得见此人与之游,死不恨矣”。纵横家苏秦,一开始道行粗浅,不被秦王看重,于是锥刺股苦读,脱胎换骨,终于佩戴上六国相印。学然后知不足。新中国成立前夕,共产党即将“赴京赶考”,毛泽东读了郭沫若的《甲申三百年祭》,李自成的教训警钟长鸣。以史为镜可以正衣冠,西柏坡会议提出了“务必使同志们继续地保持谦虚、谨慎、不骄、不躁的作风,务必使同志们继续地保持艰苦奋斗的作风”,成为战胜资产阶级糖衣炮弹,铸就人民政权铁桶江山的座右铭。

清流君子很多都是饱学之士,但饱学不一定是清流。要做清流君子,得让民族精神中的忠信侠义塑造身心,让诗书典籍中的清流理念、价值、形象转化为动力与自觉,就要像蚕吃桑叶、浪花咬礁,分秒不能停止,不断地读书淬火,方能百炼成钢。

(四)梅兰竹菊意,清流逐浪高

1. 梅兰竹菊浩浩风

谁不爱美向善?谁不想像梅菊松兰竹那样高雅、直节、傲霜雪、矗立天地间?梅兰竹菊松寄托着人们的理想,在诗词画卷里,在民风民俗里都可以见到这样的风情。

丹青塑风骨。苏轼的《枯木怪石图》,一根枯木形似鹿角,一团怪石状如蜗牛,怪石背后有几蓬竹芽斜刺里逸出。“乌台诗案”后,苏轼遭到了新党打击、旧党猜忌,连续被贬,非常苦闷。怪石枯木抒发出郁结之气,逸出的竹芽彰显了洒脱和傲然。王冕的《墨梅图》,用单纯的水墨和单纯的笔触渲染出蜡梅的孤傲,“不要人夸好颜色,只留清气满乾坤”,这是他不与世俗同流的孤傲。北京人民大会堂贵宾厅里,铁画《迎客松》苍劲古朴、挺拔不阿,周恩来总理非常喜欢,经常站在迎客松前与贵宾合影,铁干虬枝就是不屈不挠的民族精神。

诗文香盈野。梅兰的香、竹菊松的节，古今津津乐道，普见于诗词歌赋。孔子最早将兰花比作王者之香。“孔子自卫反鲁，过隐谷之中，见芗兰独茂，喟然叹曰：‘夫兰当为王者之香，今乃独茂，独与众草为伍……’”因而作琴曲《猗兰操》[①]。苏东坡感伤于宦海浮沉、伤痕累累，也赞美兰花“本是王者香，托根在空谷”。梅的馨香与兰的芬芳齐名。“遥知不是雪，为有暗香来”“零落成泥碾作尘，只有香如故”“疏影横斜水清浅，暗香浮动月黄昏”等对梅香的咏叹如心灵鸡汤，撩拨人的心扉。而卢梅坡的《雪梅》，让梅与雪来个色与香的博弈，“梅须逊雪三分白，雪却输梅一段香”，短兵相接，似见白雪飘飘，梅香袭人。竹与松的节显见又多受称赞。孔子说松：“岁寒，然后知松柏之后凋也。”郑板桥题竹：“枝枝傲雪，节节干霄。”陶铸论松：“无论在严寒霜雪中和盛夏烈日中，总是精神奕奕，从来都不知道什么叫做忧郁和畏惧。”[②]菊花的节易被忽略，菊的胆气丝毫不弱。白居易的“耐寒唯有东篱菊”诗里已见到了萧瑟；黄巢的“我花开后百花杀”诗里已看见了肃杀；郑所南的《寒菊》诗，“宁可枝头抱香死，何曾吹落北风中”，菊花多像一个慷慨赴死的侠士啊，“风萧萧兮易水寒”，明知不可为而为之，大义凛然，气贯日月。

朝野偶像红。新中国成立后，人们对梅兰竹菊松同样喜爱。毛泽东爱梅菊，陈毅爱松菊，朱德爱兰格外执着。在井冈山上，朱德引种了不少兰花，有民谣这样说：“朱军长挑来湘江水，浇得井冈兰花放。”新中国成立后，他一直种植兰花，1964 年送周瘦鹃两盆，周瘦鹃作诗回赠：“兰蕙争荣压众芳，滋兰树蕙不寻常。元戎心事关天下，要共群黎赏国香。”[③]

---

① 蔡邕：《琴操·猗兰操》。

② 陶铸：《松树的风格》。

③ 汤雄：《朱德的苏州缘》，《世纪风采》2018 年第 11 期。

名字是一种暗示,有时像某种指引。岳飞鹏飞万里,包拯拯世济民,毛泽东恩泽东方。过去农村孩子起名儿,常叫箩头、粪堆、狗剩等,名字贱,阎王不收,好养。名叫菊梅兰松竹,寓意是不怕风刀霜剑、潇洒谦让挺直、绚丽高雅芬芳。《红楼梦》中的贾兰和贾桂,最后不都"兰桂齐芳"了吗?生活中的刘胡兰、江竹筠、梅兰芳、冯友兰、白岩松、夏菊花、郭兰英、殷秀梅等,都成就了自己的格局与绚烂。

无论读书人还是引车卖浆人,岁寒三友、花中四君子都是他们潜意识的一种向往。傲骨的梅花是民国时期的国花,可见其民望。梅兰竹菊松的画轴,使书屋增添了斯文雅气。在公园、在机关,蜡梅如火,苍松濯濯,竹影清风;在百姓的房前屋后,是一盆盆的幽幽兰草、灿灿金菊,开封菊花文化节上菊韵流动、万头攒动,那是刻骨铭心的追捧啊。"若非一番寒彻骨,哪得梅花扑鼻香。""问世间情为何物?直教人生死相许。"梅花寒苦,君子情苦,是花?是人?一曲《梅花三弄》从歌厅飘出,叫人黯然神伤。

2. 清流君子重践行

在莫里哀的《伪君子》里,修士答尔丢夫是柏奈儿太太心中的道德准绳,他穿鬃毛紧身衣,用鞭子抽打自己,虔诚地苦修,满嘴都是上帝与爱,表面看是一个清贫君子,骨子里却贪财好色、虚伪狡诈,差点导致柏奈儿太太家破人亡。

除答尔丢夫这类伪君子之外,另有一种人,说得好,做得乍看也好,没大的道德缺失,但就是志大才疏,苗而不秀,这种人也不是真君子。赵惠文王时候,名将赵奢之子赵括,纸上谈兵倒背如流,布阵推演井井有条,但实际操作乏力,最终,他主持的长平之战惨败,40 万赵兵被秦军坑杀。红军第五次反"围剿"时,王明忽略敌强我弱的现实,放弃游击战,与敌人血拼阵地战,使红军元气大伤。孔子说:"诵诗三百,授之以政,不达;使于四方,不能专对。

虽多，亦悉以为？”[①]叫你纺线屁股疼，叫你串门有一能，在中国，这样的“干啥啥不成”的空头理论家不少。

清流君子是不是名副其实？就看他是不是表里如一，就看他在实践中能不能利国利民，这是个金标准。岳飞脊背上有母亲针刺的几个大字“尽忠报国”，为尽忠报国，岳飞曾与牛皋等几个取不义之财的结拜弟兄划地绝交；为尽忠报国，他带领的岳家军“冻死不拆屋，饿死不掳掠”，深受百姓爱戴。开国大将陈赓是黄埔军校校长蒋介石的学生，1925 年在枪林弹雨中救了蒋介石一命，老蒋对陈赓十分感激，1933 年陈赓被捕，从上海被押解到南京，老蒋百般诱降，陈赓宁死也要跟定共产党，老蒋无可奈何。

做到表里如一并不难，确立目标并为之奋斗就可以。孔子一生都是为了“克己复礼”，到洛阳拜谒老子是请教他怎样“克己复礼”，周游列国是想让诸侯们接受“克己复礼”的主张，授徒讲学是为“克己复礼”储备人才。鲁迅的座右铭是“横眉冷对千夫指，俯首甘为孺子牛”，一方面他一直为妇女儿童呐喊，子君、娜拉、爱姑、祥林嫂、刘和珍等一个个形象凝聚着他的心血；另一方面他一直为青年作家操心，培养了宫竹心、许钦文、张天翼、萧军、萧红、叶紫等一大批文学新人，他吃的是草，挤出来的是奶。

想在实践中胜出也是有路可循的。一是跳出圈子高屋建瓴地观察分析，常言说：当局者迷。孙悟空遭遇敌情，总是一个筋斗翻到九霄云外，俯瞰下界，哪里有魔怪一目了然，与现代的卫星、雷达拍摄扫描如出一辙。这就破解了苏东坡“不识庐山真面目，只缘身在此山中”的局。二是深入内部摸查条分缕析：孙悟空钻进铁扇公主的肚子里就是搞调查研究，CT、彩超、胃肠镜等，也是借助一些手段，实现对人体内病灶的更直观的分析定性。摸清实

---

① 《论语·子路》。

情再对症下药，会无往而不利。假如昔日的赵括、王明能够知己知彼、灵活变通，也许命运就不那么悲催了。

五、君子诚信，一言九鼎

日月轮替不知疲倦，天圆地方亘古不变，动物靠自然选择来壮大胜出，家庭靠夫妻和睦才长治久安。“诚者，天之道也。诚之者，人之道也。”①物物都要恪规守则，人人都要重诺守信，这是天、地、人、物生存发展的根基和规律。

（一）诚信，天之道人之规

1. 诚信是自然平衡规律

老子所说的道，是宇宙本体，又是宇宙变化的规律，宇宙里的各元素能形成一个稳定的整体，其变化发展规律能持久地存在，靠的是诚信守诺、齐心合力、自然而然。就像一个大车轮，由一根根车条鼎力支撑，缺了一根车圈就受力不均；又像一个大棋盘，各个坐标咬合无间，缺了一个就影响到排兵布阵。

天地诚信是自然之道。我们的地球，公转让冬夏寒暑变化，自转让昼夜白黑更替，春花盛开、夏木葱茏、秋果飘香、冬物尽藏，它们诚信应时而来，其内部的各个节点都会因时而动，不会误时误事。比如，春天是生发的季节，太阳暖了、河水涨了、草木绿了，

---

① 子思：《中庸·二十章》。

动物开始撒欢，就连云雾也膨胀生发，所谓烟花三月说的就是春天里春花烂漫、春雾弥天。深秋来了，万物开始萎靡，因此也就烟霏云敛，秋高气爽。

五行与万物都相生相克，在大自然的链条上相互制约。上苍造物，用心负责，一环紧扣一环，不容缺失。天地间的加减乘除规则就好像拉弓射箭一样，“高者抑之，下者举之，有余者损之，不足者补之”①，时刻维持平衡。一般说，践踏自然规律，破坏相生相克，有可能遭遇天地报复。

自然界的灾害往往是人造成的，人为破坏引发了天地失信。煤炭石油燃烧、汽车尾气排放、乱砍滥伐森林，形成了地球温室效应，致使冰山融化、洪水泛滥；毫无节制地挖掘开采让地面塌陷、矿难频发、泥石流纵横；化工污染使天空雾霾重重，海洋里的鲸鱼满肚垃圾，各种癌症患者数量加速度增长，这些都归结于人类破坏了天地的和谐。澳大利亚的袋鼠为什么会泛滥成灾？一是袋鼠繁殖力超强，一窝一窝遍地开花；二是气候湿润适宜、辽阔的草场与天相接，粮草非常丰美；三是袋鼠的天敌塔斯马尼亚虎和澳洲野狗被土著灭绝、被殖民者围猎殆尽，袋鼠几乎没有了天敌，而且袋鼠是澳大利亚的国宝，备受荣宠。

人为破坏，能让天塌地陷。位于新疆罗布泊西部的楼兰古国在公元630年突然神秘地消失，极大可能就是缘于巨大的人为生态危机。班固《汉书·西域传》说，楼兰古国有1570户人家，1.41万人口，军队有2912人，东离长安6100里，经常受到匈奴的进犯。楼兰多沙卤地，少良田，而且有“白龙堆，乏水草，常主发导，负水儋粮，送迎汉使”（意思是有个名叫白龙堆的沙漠，大风经常将流沙卷入空中形状如龙，迷失行人。汉朝不断命令楼兰国王提供向

① 《道德经·七十七章》。

导、粮食和饮用水)。楼兰古国是丝绸之路要冲上的一颗明珠,应该是街道纵横、寺院高大、商贾东来西往。为什么会毁灭呢? 也许是匈奴屡屡的烧杀掳掠打破了楼兰脆弱的生态平衡,也许是楼兰曾大兴土木,大肆砍伐,导致河水干涸,沙尘肆虐,人烟断绝。

大自然的加减乘除不容率性颠扑。2020 年春节前后开始在国内外为非作歹的新冠病毒好像是从生物身上初现的,那病毒是怎样产生的呢? 是生物实验打乱了生物链条间的相生相克的系统? 是滥捕滥杀造成了新冠病毒的天敌弱化或灭绝? 还是其他什么? 是有意还是故意? 是无知还是妄行? 教训实在沉痛。

2. 诚信是社会稳定基础

天,兴云播雨,地,成长万物,一啄一饮,生生不息,造就了世间万象,也构造出公鸡打鸣母鸡下蛋,男耕女织内外有别的家庭生态。

人从大自然走来,社会发展的根脉源自大自然,形形色色的生命都受生存规律的节制,虽然社会发展有自己的人文特点,但人类的社会活动必然会受生存的大道制约。比如:早起早睡顺应日出而起、日落而息的天道,争强好胜符合物竞天择、优胜劣汰的天道,春捂秋冻衔接乍暖还寒、十月小阳春的天道。自然里有什么规则,人类活动中多会看到其踪迹。春风习习,阳气刚猛,禽鸟纷纷求偶寻欢,男男女女也情意绵绵;等到深秋花谢叶落,只剩下残山剩水老树昏鸦时,大自然空旷寂寥,人们也悲秋伤怀,尤其是桑榆之人更容易情绪低落、郁郁寡欢。

恒定的自然规律靠千千万万的应时守信支撑,稳定的社会活动也需要方方面面的应时重诺维系。古代先贤从来都敬畏天道、恪守自然规矩,这种敬畏与恪守就是重诺守信,重诺守信贯穿在庞大的社会运动全过程。古人捕捞不用细密的渔网,砍柴不在春天里进山,否则,会网杀鱼苗斫断幼枝,即便是皇室围猎也只能

“顺时节而蒐狩”[①]。保护生态是人们的下意识举动。有一天,赵匡胤的女儿长公主入宫,她衣服上饰有翠鸟的羽毛,赵匡胤立马阻止。公主是何人啊,穿什么戴什么一不留神就会引领服装的新潮流。翠鸟才比大拇指大点,街巷或后宫要是模仿长公主,得杀死多少只翠鸟啊。[②]

人法地,地法天,天法道,社会活动也模仿大自然。老子说,“治大国若烹小鲜”,治国理政要小心翼翼,不能胡乱折腾;孔子说,以德治国,能让百官万民紧密地围绕在中央周围,就好像“北辰居其所而众星共之”。

如果无视法则,任性地破坏由诚信建构出的自然规律,违背天地人的大道来行事,往往造成人与人的冲突和悲情,甚至导致政府与人民形同水火。

从个人小处举例说,嫉妒心失控就是逆天而行。天道就是阳光,阳光下万物竞发,失控的嫉妒心就像严重的洪涝、飓风、冰雹等不可抗灾害,能瞬时毁灭生命。钱基博的《技击余闻补》记录了一段旧闻:白泰官是清朝雍正年间有名的八大剑侠之一,可他心胸狭窄、妒贤嫉能。他离乡多年后返乡,刚走到村头,见到一个八九岁的小孩儿在练武,挥拳蹬腿虎虎生风,骤然间,他的嫉妒之火熊熊燃烧,暗想,这个小孩儿长大后还不超过了自己,趁其不备,就一掌把那个小孩儿劈死了。小孩儿死前咬牙切齿地说,等着吧,我爹爹白泰官回来一定给我报仇。白泰官顿遭五雷轰顶。战国时期,魏国的庞涓因嫉妒心作祟,剜掉了同窗好友孙膑的膝盖骨,后来却被孙膑射死在马陵道。

从社会大处举例讲,中国古代每临改朝换代前夜,都会令士

---

① 班固:《两都赋》。

② 刘余莉:《其身正,不令而行;其身不正,虽令不从》,《中国纪检监察》2016 年第 4 期。

地兼并两极分化加剧，这一社会病症与“损有余而补不足”的天道平衡相反。逆天之行不可善终，每每都有农民起义揭竿而起。无论是自然规律还是社会规律，让新生力量取代腐朽势力，从而达到新的和谐，都是一种净化之法、平衡之道。

得道多助，失道寡助。由诚信建构起来的天之道、人之规不容亵渎。

（二）人之诚信，何来何往

1. 禀赋牵手诚信来

世上有诚信君子，也有背信之人，守信还是失信的品性从哪里来？主要从天道禀赋来。

世界是一个巨大的矛盾统一体，天地间的人和物，大强小弱、聪明笨拙、狡猾木讷、俊美皴矬，看似是天道不经意地挥洒，实际上维持了自然界的矛盾平衡，是最恰当、最高明的布局。人呱呱坠地，禀赋里就含有诚信或无信的强大基因。秉性诚信者，即便没有后天的礼乐教化，本质上仍是朴素的好人，稍加点化就混沌初开，不善于骗大欺小，少有大奸大恶的冲动，就像一枚质地硬实的坚果，不易被氧化而腐烂。禀赋无信者，即便屡屡经过后天教化，表面看循规蹈矩，实际上内在的那种容易失信弃诺的基因只是被掩盖了，一旦秋风乍起，马上落叶飘飘，就像一个皮薄多汁的鲜果，虽经脱氧防腐处理，能延缓溃烂时间，却不能改变疏松的品质。一般来说，生就的秉性很难改变，胎里带的一些心魔很难斩除，只是用强大的理性套牢罢了。

所谓人之初性本善，是指萌娃的时候，即使是猛虎饿狼，其幼崽也是呆萌得人畜无害，随着渐长渐大，本性才被激活。所以，诚信与否的禀赋就像不同的种子，有了土壤，或有了水和养分，就会长成不同的模样。

金庸的《侠客行》里的双胞胎石破天与石中玉，一个诚信忠厚，一个奸滑邪恶。石破天出生时就被梅芳姑偷走，梅芳姑对他严苛至极，非打即骂，并取名狗杂种，但他最终成为一代武林高手。石中玉含着金汤匙长大，受百般呵护，却在雪山派无恶不作。石破天受到很多欺骗，仍觉世界上都是好人，纯朴天性千金难换。石中玉一直把乐趣建在别人的痛苦之上，油嘴滑舌，坑蒙拐骗。所以，环境虽然有影响，守信或背信的性格形成却主要依靠禀赋。柳下惠与柳下跖、扶苏与胡亥、曹彰与曹丕等，历史上一母同胞性情却远隔千山万水的，比比皆是啊。

禀赋主要靠父精母血遗传，不过，门第家庭的滋养和幼小时受到的点化，都是唤醒禀赋的因素，优良的门风有助于诚信禀赋的塑形，君子家教的熏陶是后天成长为诚信君子的催化剂，正如同花木种子的禀赋是内因，肥沃适宜的土壤可以固本培元。父母的人格、兴趣、爱好、修养、举止、习惯都会潜移默化地影响孩子。书香门第诗礼人家多孕育文人雅士，武学世家军旅家族多出现铁血悍将，重诺守信的门庭家教，能够强化诚信的禀赋，使幼芽成长为大树。

司马光是王安石政治上的死对头，在朝堂上恨不能将王安石打翻在地再踏上一万只脚，两人势如水火。可是当王安石去世的噩耗传来，司马光马上拖着病体给皇帝写信，坦言“介甫文章节义，过人处甚多”。建议朝廷对王安石“优加厚礼”。[①] 司马光的祖辈都有很好的官品，父亲司马池更是正直为民，从光山县尉到屡任知府，他诚实守诺。有一天，五六岁的司马光剥核桃，核桃外面的青皮就是剥不掉，一个丫鬟走过来，帮助他先用开水烫了一会儿，核桃皮很快就剥掉了。姐姐问司马光是不是自己剥的，司

① 司马光：《传家集》卷六十三《与吕晦叔第二简》。

马光说，是。正好被司马池听见，就严厉呵斥他：小孩子不能撒谎。一句话让小小司马光羞愧难当，一下子激活了司马光的诚信遗传禀赋，司马光，字君实，从此，他一辈子君子诚实。

2. 立人立国靠诚信

秦汉的市面上流传着一句话，“得黄金百，不如得季布一诺”①。季布是一位侠士，为人仗义，爱打抱不平，以信守诺言著称。“言必信，行必果”是君子的守则，对中国人来说，无论是修身齐家，还是治国平天下，恪守诚信才能行稳致远。所以，君无戏言、一言九鼎、千金买骨、一锤定音、尾生抱柱、曾子杀猪等诚信的成语和故事成为美谈。

诚信立人是诚信的第一要义。做事先做人，做人靠诚信，做人诚信是发自内心的真情涌动，是纯朴的天性驱动，真情实意、童叟无欺。

《后汉书·郭伋传》赞郭伋不失信于孩子。郭伋担任并州牧时，有一天来西河美稷巡查吏治，还没进城，就看到很多孩子骑着竹马来迎接，他赶忙下马致谢，在孩子们的簇拥下进了城。郭伋在西河美稷访贫问苦阅卷理案，临行时孩子们又来相送，并执意要郭伋约好下次来的时间。不料，郭伋下一站办事十分顺利，提前了一天返回。为了守诺，他就在野外的亭子里风餐露宿，专等孩子们到来。

以诚信立人不是做给别人看的，有时候不为人所知，就像锦衣夜行，这样才更能验证诚信的成色。李勉是唐代中期名臣，王谠在《唐语林·卷一》里讲了李勉埋金的故事。李勉有一次出外游历，与一个书生在河南商丘的一家旅店借宿，书生骤染重病，临死前拿出一百两银子对李勉说：“我家住江西南昌，请您用这些银

① 司马迁：《史记·季布栾布列传》。

两为我料理后事,剩余的都送给您。”李勉只答应了为他料理后事,事办好后就把剩余的银子全埋进了坟墓。隔了几年,李勉担任开封县尉,那个死去的书生的兄弟一路来寻哥哥,李勉就陪同那人前往商丘墓地,当场挖出了剩余的银两交给来人。

诚信立国也是诚信的要义。不过,立人诚信要低调,立国诚信须张扬。低调是发自本心,不是沽名钓誉;张扬是要广为人知,是要倡导民众践行。商鞅开始变法时,为了取信于民,派人在城中竖立一木,并告知:“谁能把它搬到城门便赏赐十金。”秦国百姓无人敢信,一直加到五十金,才有人扛起木头,那人立马收获五十金。商鞅改革变法随之轰轰烈烈。

以诚信立国不是请客吃饭,不是绘画绣花,经常有刀光剑影、血雨腥风。春秋时代,吴王阖闾拨了一百多位宫女给孙武训练。孙武就把宫女编成两队,让吴王最宠爱的两个妃子当队长,然后把击鼓进军、鸣金收兵等基本的军事动作讲给她们听,并强调遵守军令,违令必斩。不料,孙武发令时,宫女们觉得好玩,一个个掩口而笑。孙武以为自己没说明白,又重复一遍,第二次发令时结果仍如前。孙武立刻下令把队长斩首,理由是队长领导无方。吴王一听大急,慌忙求情,孙武回绝说,“将在外军令有所不受”,坚持把队长处死。宫女们见孙武说到做到,一个个如履薄冰,第三次发令时,便令行禁止、整齐划一。

中华民族能够屹立于世界民族之林,一个重要的方面就是靠诚信立人,靠诚信立国。在国内革命战争期间,无数的中国共产党人,为了信守永不叛党的入党誓词,他们身戴镣铐赴刑场,血洒长空化虹霓。在抗美援朝战场上,无数的志愿军勇士,为了保家卫国,他们坚守嘱托,以血肉之躯打出了国威,战胜了强敌。电视剧《跨过鸭绿江》描写了惨烈的长津湖之战。衣衫单薄的中国人民志愿军九兵团二十军的战士们,为了伏击南逃的美军,在零下三四十度的冰天雪地里潜伏了一周，冻死冻伤无数。有一个连，全连的战士都冻成了冰雕，死前还保持着瞄准杀敌的身姿。“冰雪啊，我绝不屈服于你，哪怕是冻死，我也要高傲地耸立在我的阵地上。”这是一位战士手里攥着的遗言。美国陆战一师师长史密斯面对此情此景肃然起敬，赞叹他们是具备信仰和荣誉感的战士。志愿军将士以令人难以置信地对命令的执行力弥补了装备与技术的落后，打得敌人望风而逃，美国第八集团军司令李奇微坦言：“中国军队拥有世界上最强大的步兵。”

（三）诚信，搭建温暖的世界

1. 传说传奇心神醉

虽然李甲忘恩负义令人不齿，陈世美丧尽天良遭人唾弃，“尾生抱柱”中的女子无端失约叫人嗟叹，“烽火戏诸侯”的周幽王践踏诚信的底线使人愤恨，但世间重诺守信的传说传奇多如春天的花蕾。

老百姓最喜闻乐见，使他们心底的柔软最容易被触碰的经典有哪些呢？

一是痴情修正果，这一类赚取了很多怜惜之情。西安曲江池遗址公园有一孔古寒窑，传言是唐朝宰相王允的女儿王宝钏苦等薛平贵的那座窑。王宝钏不顾家人的反对，执意嫁给了穷小子薛平贵，薛平贵打仗去了，王宝钏就在寒窑苦等了18年。她将中国劳动妇女的贤惠、吃苦、坚贞的美德发挥到极致，终于等来了夫荣妻贵。

守诺苦等不限于女子。《神雕侠侣》里，小龙女坠下了断肠崖，杨过仅凭黄蓉杜撰的小龙女已被南海神尼救走，就相信了小龙女在崖壁上刻下的“十六年后，在此重会，夫妻情深，勿失信约”的谎言，他竟真的等候了漫长的十六年。最后，杨过与小龙女意外团聚,让揪心的读者终于释怀。

守诺苦等的故事最常见也最惹人爱怜,是因为和为贵的价值取向叫旁观人祈盼团圆。小农经济慢悠悠的生活节奏让当事人有大把的时间等候,君子人格的教化给中国人夯实了一种不离不弃的道德共性。

二是心诚缔良缘,这一类凸显了心诚则灵。《聊斋志异》中的《香玉》,读来口齿生香。黄生住在崂山下清宫,内有一株名字叫香玉的硕大的白牡丹,她艳丽无比,香风洋溢。有一天香玉被人挖走了,黄生的心一下子被掏空。他听说眼泪或许能让香玉复得,马上日日临穴哭吊,甚至泪凝枕席,直到香玉幻化成了人形扑入他的怀抱。

从来就没有救世主,尽管心诚则灵,可幸福得来要靠争取。《牡丹亭》里,杜丽娘与柳梦梅梦中幽会,梦醒后伤春而死,葬于梅花庵。柳梦梅赴京赶考的途中,冥冥中一直被杜丽娘牵引着,他掘墓开棺,杜丽娘起死回生。但两人的爱情阻力超强:先是亦真亦幻,再是阴阳两隔,接着杜丽娘父亲将柳梦梅打入大牢,最后还闹到了金銮殿。

三是一诺重千钧,这一类激荡着浩然正气。春秋时期,屠岸贾谋害忠良赵盾,赵家300余口被满门抄斩,只剩下一个不满半岁的婴儿被门客程婴救出。屠岸贾发现后,竟下令将晋国所有的一个月以上、半岁以下的幼儿残杀。程婴为保护赵氏孤儿,不惜用自己的儿子替换。

程婴作为门客,为保护赵氏孤儿慨然应诺,是有一根情义的链条贯穿其中,而《赵太祖千里送京娘》则是素未谋面拔刀相助。赵匡胤手提浑铁齐眉棍,解救出赵京娘,一路护送到家,为避嫌,两人结拜为兄妹。赵匡胤是凭空背上了沉甸甸的"诚信"使命。君子一言,驷马难追。当赵京娘口吐温柔爱慕之言时,赵匡胤斩钉截铁道："俺与你兄妹相称，岂可及乱？休得狂言，惹人笑话！"

一炷香，一辈子兄弟；一承诺，生与死相依。关云长千里走单骑，正眼都不瞧曹操的上马金下马银，只因刘、关、张桃园结义。汤怀送钦差张九成穿越金兵50余里长的大营，明知道自己单枪匹马定然不敌，仍冒死请缨，只因是岳飞撮土为香的兄弟。

四是诚信得天助，这一类弘扬了好人不亏。北宋景德二年，14岁的晏殊以神童身份参加进士殿试，他英气勃发，提笔立成，宋真宗破格赐予他同进士出身。到了第二场诗赋论考试，他举手发言："这些题目我以前做过，请换题目。"其真诚坦荡令真宗动容，直接授予他秘书省正字。①

这段传奇是历史版的诚信有好报。诚信世界瑞彩千条，结草衔环的成语，马有垂缰之意、犬有湿草之心的传说，都让人觉得世界很美好。

诚信需要坚守，需要付出，不会手到擒来。牛郎织女七夕相会，与王母娘娘的抗争容易吗？李隆基为寻找杨玉环的精魂，上穷碧落下黄泉，更是穷尽了九牛二虎之力。

中国的诚信故事在舞台上、在书卷里经典流传，中国式的审美深深感动着后世，逐渐地积淀成一种气势磅礴的社会舆论和震撼人心的道德力量，影响了中国人的认知和心理。

2. 今人重诺美名扬

戏文传奇反映了一种大众追求和社会审美，这种追求与审美，现在依然充满活力。现代人重诺守信是另一种风景：个人、群体、政府多层面交叉，形成了一种社会助推力。

名人就像启明星，名人实信，辐射广远。

鲁迅先生曾告诫后人，"孩子长大，倘无才能，可寻点小事情

---

① 脱脱：《宋史·晏殊传》。

过活,万不可去做空头文学家”①。鲁迅的后代恪守了他的遗言,只在适合自己的领域发光。周海婴毕业于北京大学物理系,是无线电专家;周海婴的长子周令飞做传媒,次子周亦斐搞经济,三子周令一玩摄像,女儿周宁也与文学家不沾边。

千教万教教人求真,千学万学学做真人,这是人民教育家陶行知的名言。1940 年,陶行知的儿子陶绍光在成都为了聘用上无线电厂技术员,瞒着父亲向育才学校副校长马侣贤索取了一张假文凭。陶行知在重庆听说后,一边让其把假文凭收回,一边写信教育儿子,必须坚持“宁为真白丁,不做假秀才”的主张,追求真理做真人,决不向社会上的虚伪学习或妥协。

名人声高响远,名人效应有时候如同开足马力的顺风船。朱自清写《背影》,其中父爱感人至深,他去世后,很多中学生都流着泪说,写《背影》的朱自清死了;李连杰主演《少林寺》一炮打响,成千上万的热血男女云集嵩山,渴望练成飞檐走壁的神功;改革开放之初,邓丽君甜腻腻的歌喉在国内乍一亮相,大厦里、田埂上即刻跳跃着“送你送到小村外,……路边的野花不要采”的音符。

熠熠的星光洒满河野,诚信的名人潜移默化,他们有千千万万的粉丝,他们的诚信之光辐射力强,影响力远。

企业就像传送带,企业诚信,温暖社会。

企业的主要活动是生产营销、创造财富、增加税收、提供服务,盈亏赔赚关乎社会的福祉和民生的利益。企业的领军人物有诚信敢担当,能让企业步步高,能让老百姓沐浴温暖。

1985 年,青岛海尔电冰箱厂厂长张瑞敏,顶着很大压力亲抡大锤带头砸毁了 76 台不合格的海尔造电冰箱,这一砸,砸出了 1988 年全国电冰箱质量评比的第一名,砸出了国人信得过的“海

① 鲁迅:《且介亭杂文附集·死》。

尔造”，如今这把大锤被收藏于国家博物馆。

吃药关乎人的生死，制药更要诚信第一。“修合无人见，存心有天知”（药材加工配制无人监管，有无违背良心上天知道）是同仁堂的古训，同仁堂始终捍卫着古训，选料上乘，工艺精湛。诚信使同仁堂成为药界的翘楚，立下了在民间的口碑，1955 年，经理乐松生在中南海受到毛主席和周总理的接见。

政府就像发动机，政府有公信，国家才强盛。

中国共产党政府以无可争辩的事实赢得了社会和人民的信任。公信力从哪里来？从说到做到来。解放区农民如愿分到土地，新中国成立初北平一夜让妓女清零，解放军进藏入疆平叛秋毫无犯，将军下连队、蹲点到基层，哪里危险哪里就有解放军，2020 年实现全国贫困人口脱贫一个都不能少……政府的公信力越高，人民的执行力越强。所以，在解放战争中，翻身农民踊跃参军，保卫分到的胜利果实；抗美援朝中，志愿军浴血奋战，把美国打回到“三八线”；20 世纪 60 年代初，中国人民勒紧裤带共渡难关。所以，才有了“翻身农奴把歌唱”、“阿佤人民唱新歌”、库尔班大叔骑着毛驴上北京，才有了 56 个民族万众一心奔小康。

有错必纠也是公信。1978 年中共中央决定，对在 1957 年被划为右派的 55 万人进行全面复查，将绝大多数被错划的右派全部改正，使中国共产党的公信力空前高涨。

（四）出门有所见，失信猛于虎

1. 失信乱象频仍

不诚实不守信之人自古就有，而且多如过江之鲫，烽火戏诸侯的周幽王、尾生抱柱中未露面的女孩子，因失信酿成祸端已为千夫所指。有个成语叫“食言而肥”，出自《左传・哀公二十五年》。春秋时，鲁国有个大夫叫孟武伯，他不仅一贯言而无信，而且口舌刻薄，骂人爱揭短，鲁哀公非常讨厌他。有一次鲁哀公设宴，孟武伯看见了长得肥胖的大臣郭重，就借敬酒之机嘲弄他说：“你吃了什么东西啊这么肥胖?”鲁哀公马上替郭重拦截住话头说：“食言多也，能无肥乎?”反讽孟武伯经常说话不算数。君无戏言，一句话弄得孟武伯十分难堪。

很多时候，说话不实、做事不诚不需要花费什么成本，因此，不诚信的恶习一直在发酵。2015 年《中国青年报》做过一次有关大学生诚信度的社会调查，在 2000 名受访者中，有 51.2%的人是在校或毕业的大学生，结果有 66.6%的人认为大学生考试作弊现象很普遍[①]。一叶知秋，作为知识的学习者与传播者的大学生，做寻常小事就这样没有底线，那整个社会该怎样地叫人情何以堪呢?

2001 年南京冠生园将陈馅翻炒再制成月饼出售，经中央电视台曝光，其负责人还百般狡辩。2016 年 8 月 19 日，山东临沂高考录取新生徐玉玉被犯罪嫌疑人以发放助学金的名义，实施电信诈骗骗走了 9900 元钱，徐玉玉如遭磐石重压猝然离世。月饼生产商唯利是图，欺骗消费者，电信诈骗人见利忘义，不管受害人的死活，这些人在其他场所比如开会、聊天时也许都会满口道德诚信，但陈馅翻炒的丑行和徐玉玉被骗猝死的惨剧，无情地揭示了一些中国人口是心非、道德沦陷的现状。

曾几何时，地沟油、瘦肉精、毒奶粉眼花缭乱，假文凭、假论文、假招生堂而皇之，拐卖人口、婚姻欺诈、造谣诽谤不断地动摇着社会的稳定，近乎方方面面的欺骗，就像一窝窝溃烂的脓疮，浸润着大众的肌体、污化着环境、扭曲了民心。

---

① 王品芝、尧强：《54.3%受访者认为大学生考试作弊不诚信》，《中国青年报》2015 年 6 月 18 日。

为什么会这样？“文化大革命”中，群众分成了造反派与保守派，批走资派，斗臭老九，文攻武卫、水火不容，时不时地两派街头喋血。一切都以派别划线，许多父子、夫妻、兄弟在家里都势不两立，生活中政治挂帅，诚信忠义不再，连空气中都流动着戾气。改革开放后，中国大量地引进西方先进的科学技术，个人至上的思潮也悄然地诺曼底登陆，趁着中国传统观念大伤元气，西方的个人主义价值观不断地吐芽、茁发，渐渐地成了一部分人的三观奠基的要素。

人的道德滑坡、诚信缺失与社会大环境不无关系。但是，如果禀赋纯朴、家风优良、意志坚定，再多的外界干扰也其奈我何，人体有自我修复能力，细菌病毒的侵袭，都会被强大的免疫体系纠正。

2. 失信当用重典

什么叫失信？违背了承诺、丧失了信用就是失信。这都知道，谁都能随口说出几个例子：像司机闯红灯违背了机动车驾驶条例，老板拖欠农民工工资违背了劳务合同，教师课堂上信口开河违背了职业道德，法官断案偏颇一方违背了司法公正等，要对失信人员进行批评教育、扣分罚款、处分降级，甚至开除其公职。

对于那些祸国殃民的失信行为，必须以刑天舞干戚之力来阻击，对背叛国家、坑害百姓、谋财害命的人必须重锤砸下。

久旱不雨，润如酥的小雨不能弥合龟裂的土地，暴雨如注才能缓解旱情；身染沉疴，君子之药轻拢慢捻不具备杀伤力，用虎狼之药才能直捣黄龙祛邪扶正；村子极度贫困，满眼穷山恶水，资金、项目、文化、智力缺乏，正常的扶贫手段根本不济，这时候，精准扶贫、全面开花、组合配套、连续持久，才能挖掉穷根。

所以，乱世用重典，乱世用典不能温情脉脉，应该矫枉过正、摧枯拉朽。公元前 221 年，秦始皇大刀阔斧地统一了六国，建立了大一统的郡县制封建王朝，但仍危机四伏：痴迷原六国文化的儒生很多，他们出言不逊借古非今；六国先王的粉丝们反对中央集权的郡县制，热衷分封，做着复辟东周割据的美梦。正如大公子扶苏说的“天下初定，远方黔首未集，诸生皆诵法孔子”[①]。华夏一统，要求思想与情感完全归属，怀有二心的都应该视为对一统国家的忤逆，忤逆会动摇江山社稷。公元前213年，秦始皇听从丞相李斯的建议，以齐人大儒淳于越主张分封制为由头，断然焚书坑儒。焚书焚烧的是《秦记》以外的列国史记和民间私藏的《诗》《书》，坑儒坑杀的是攻讦秦始皇的方士和儒生。焚书坑儒无疑对收拢原六国士民的思想情感、对统一秦王朝的价值观念至关重要，对大中华的凝聚发展也有积极的示范意义。

但焚书坑儒也开了钳制思想、禁锢百家的先河，正如暴雨如注可使道路泥泞，虎狼之药可使正常细胞受损，重磅扶贫可使一些人滋生“等靠要”也致富的错觉，这不足为奇。

乱世之乱不一定都指政权危机、盗贼蜂起的乱，思想混乱也是。1952年2月10日，毛泽东下令依法处决贪污犯刘青山、张子善，这两人都对革命有功劳，为什么不能刀下留人？原因很简单，新中国定鼎之初，很多有功之臣觉得刀枪入库马放南山，该进城尽享荣华了，不少人被资产阶级的糖衣炮弹击倒。杀掉了刘、张，杀一儆百，给共产党的江山几十年安澜上了一道保险栓。

乱世用重典。盛世呢？盛世明重典。天下大治，国富民安，也要祭起重典大旗，关键不是“用”，是“明”，是彰显，是高举，是把严肃的党纪国法挺在前，让党员干部可见可听时刻铭记。党员都有过入党宣誓，违背了就是背信弃义，重典挺在前，是为了保护同志，高压威慑让他们不敢腐、不能腐、不想腐。

---

① 司马迁：《史记·秦始皇本纪》。

如果说，乱世用重典是治重症，是先斩后奏，是先下手后说道的话；那么，盛世明重典就是治未病，是先礼后兵。

六、君子慎独，瓜田李下

江湖水深，人心难测，好色毁家庭，玩物丧江山。一个人，做事做人治国理政，都必须战战兢兢如履薄冰，谨慎谨慎再谨慎、慎独慎独再慎独，才有可能修炼出君子身心，成就其伟绩大业，才有可能一步一个脚印地行稳致远。

(一)慎独是高标，君子磨砺成

1. 古今圣贤谈慎独

什么是慎独？一个人在独处时，也要谨慎从事，自觉遵守各种道德准则。“慎独”一词出自儒学的两部经典。《礼记·大学》说：“此谓诚于中，形于外，故君子必慎其独也。”意思是内心真诚才会外表真诚，所以君子独处时也一定要谨慎。《礼记·中庸》讲：“道也者不可须臾离也……莫见乎隐，莫显乎微，君子慎其独也。”大意是道德在极隐秘极细微处都能显现出来，所以君子独处时也一定要谨慎。

实际上，孔子早就谈过慎独，不过是没有明说“慎独”二字。《论语·子路》中记有这么一件事：一天，学生樊迟请教老师什么是“仁”，孔子答道：“居处恭，执事敬，与人忠。虽之夷狄，不可弃也。”意思是在家要规规矩矩，办事要严肃认真，待人要忠心诚意，即使到了偏僻蛮夷的地方，也不能违背这些原则。虽之夷狄，不可弃也——这就是君子的慎独。《论语·为政》里还提出了与慎独相关的慎言慎行。“多闻阙疑，慎言其余，则寡尤。多见阙殆，慎行其余，则寡悔。”大意是有问题多听少说，就能减少过错；做事情多多观察再做，就能减少后悔。

孔子为什么要强调君子慎独呢？因为，越是礼崩乐坏、纲纪松弛，越是需要仁义道德来保驾护航。所以，就在诸侯纷争社会动荡、弑君弑父如同吃饭喝水似的东周末年，孔子周游列国企图克己复礼，他呼唤平民君子，他渴盼有很多的慎独君子来担当道德的表率。

毫无疑问，孔子是慎独概念的拓荒者，如同写论文，没有最先开辟的研究领域，就没有后人在这一基础上的深入探讨。孔子的慎独之说就像块界碑，指引后来的方家大儒在这块土地上深耕细作。比如，朱熹讲：“君子慎其独，非特显明之处是如此，虽至微至隐，人所不知之地，亦常慎之。”[①]君子不仅要在明显处留心，更要在细微隐蔽处谨慎；陆贽在《兴元论解姜公辅状》里谈：“夫小者大之渐，微者著之萌，故君子慎初，圣人存戒。”事物发展都是由小到大，因此君子特别要小心最初的变化；墨子在《所染》里言“染于苍则苍，染于黄则黄……染不可不慎也”。丝绸染上青色颜料就变成青色，染上黄色颜料就变成黄色，所以，一定要谨防被玷污。

慎初、慎微、慎隐、慎言、慎行、慎染等都是慎独的同伴，要做到慎独及所有的“慎”字辈，就必须慎心。慎心很难，如曾国藩所说，“自修之道，莫难于养心”[②]，但是，一旦心正了，就能够口正和身正。

---

① 《朱子语类·卷十六·大学三》。

② 曾国藩：《诫子书》。

慎独是君子的高标，也是共产党人的高标，慎独让我们党警钟长鸣。1945 年 7 月，毛泽东在延安窑洞里与黄炎培有一段关于历史周期律的著名对话。黄炎培对毛主席说，“大凡初时聚精会神，没有一事不用心，没有一人不卖力，也许那时艰难困苦，只有从万死中觅取一生。既而环境渐渐好转了，精神也就渐渐放下了。有的因为历时长久，自然地惰性发生，由少数演为多数，到风气养成，虽有大力，无法扭转，并且无法补救……”历史周期律让毛主席耿耿在怀，新中国成立前夕，他发出了“两个务必”的告诫，其中的“务必使同志们继续地保持谦虚、谨慎、不骄、不躁的作风”就是共产党人的慎独，慎心、慎言、慎行、慎初、慎微、慎亲、慎友等一篮子都有。

新时期，大变革。大变革有更多的诱惑和污染源，因此，慎独更加重要。2020 年年底，中共中央政治局召开民主生活会，习近平总书记强调领导干部必须“做到慎独、慎初、慎微、慎友”。习近平总书记的“慎独”要求，是对“八项规定”的提升，要求党员由被动规范变成主动修身。

2. 君子磨砺一二三

寒来暑往，月落日升，春花与稗草为伴，湿地同沙漠相邻。不论良善与丑恶，不论精灵与憨瓜，都是天底下的客观存在，它们的生存路数相同或相近。稗草可以疯长，春花也可以奋力绽放；沙漠可以吸干湿地，湿地也可以滋润出一片片的绿洲。除去先天禀赋的强弱，就要看后天的变数了，能不能勤于除草管理、能不能悉心养护植被来抑制外界的干扰，帮扶它们自身的正气，将影响最终的结果。

君子都讲究修身养性，慎独是修身养性的最高境界，是君子风范的顶尖展示。古往今来，修身养性的人很多，养性修身成大器的人很少。就后天原因看，主要是不能坚守，有的人，在寻常时、热闹处也能君子模样，到了利益攸关或独处无人时就会自我放水、一溃千里。柳下惠之所以少，是因为美女入怀、软玉温香在抱，顿时心旌摇荡，机会难得啊，就这一次吧，原始的色欲挣脱开道德的藩篱那是分分钟的事。曾锦城、张昆桐、石发亮、董永安、杨廷俊等河南的5个交通厅官员，一个个被金钱砸倒，“前腐后继”地落马，他们就没有廉洁自律的底线？他们不想做为人民服务的好官？自然不是，是因为眼前矗立的金山银山的重量已远远超过了他们内心道德底线的负荷，抵御十年一遇的雨水的河坝怎能经受住千年一遇的洪水的冲击？

自然界里的动植物，都能遵从天时地利所赋予的各种自然属性的规矩，成长为遗传密码决定的样子。小麦有了冰雪的覆盖才能温暖过冬，水稻在炎热的水乡才能一年两熟，虎豹越靠近寒气逼人的北地皮毛长得越厚实，江南的树种迁徙到中原就会蔫头蔫脑。人有主观情感，很容易受环境的诱惑而随波逐流，甚至主动寻找并栽倒在诱惑的脚下。花花世界如染缸，一天天浸染着你的纯良，悠悠岁月如利刃，一天天削剐着你的理性，你的修养容易被无休无止的酒色财气纠缠而点点地消磨殆尽，寻常好人可以角色迷失，共产党员可以党性迷失，从迷失到失守再到堕落。慎独君子的过人之处就是能够坚守信念，保持初心。

一遍又一遍地揉面蒸出的馒头才筋道；一遍又一遍地锻造铸出的刀剑才锋利；造房子必须打地基、立框架、砌墙体、精装修，几个环节都做到了才坚固美观。让现代人慎独慎微、信念坚定可不大容易，修身、养性最好是童子功，步步扎实层层夯实才行。

孩提时要筑基。小孩子是一张白纸，画上山水就是清雅的山水画，写了闲言碎语就是满纸鸡毛碎屑，要用仁义礼智信、温良恭俭让打牢基础，《三字经》《弟子规》、浅显的唐诗宋词等都是营养，能让他们从小就阳光健朗温润达理。有人说，儒家修养太过温顺,不利于弄潮踏浪,因此,要吸纳道家的恢宏大气,“天行健,君子以自强不息”是中国人应该有的品质,同时,还要学点西方民族的个性张扬。

学生期要塑形。小孩子懵懂,发蒙后有了丰沛的阳光雨露,种子才会发芽。青年人未定型,优质的校园文化能让其嫩条茁壮。郑州有一所高校就让人眼前一亮,学校精神是“爱国爱校,宁静好学,礼让整洁”:开展升国旗、唱红歌、访问红色基地、祭扫烈士陵园、纪念“一二·九”运动等活动,培育革命精神是最大的亮点。学校校训是“勤俭朴实,自力更生”:日常的基本劳动、团体劳动、工读劳动等让学生谨记劳动是自力之本,新生要清晨起床打扫校园,对接了“黎明即起,洒扫庭除”的儒家家风。学校伦理是孝道和感恩:一直引导学生感恩三个母亲,即养育自己的母亲,培养自己的母校,成就自己的祖国;二十四孝长廊和黄河母亲塑像是践行孝道的动力,“为社会服务,为国家尽忠,为母校争光”“成功感谢他人,失败反省自己”等校园题词是爱国感恩的信条。校园文化对学生的塑形可谓精雕细琢。

成长中要炼体。江湖上风云诡谲,社会上刀光剑影,没有金刚不坏之体,很难独善其身。怎么办?要不断地进行道德充电、思想锤炼,增加抵抗力,尤其要提高警惕,慎言、慎行、慎微、慎初。曹植的《君子行》说得好:“君子防未然,不处嫌疑间。瓜田不纳履,李下不整冠。”修养再修养,防范再防范,就不容易破防。

发昏处要醒神。高宠力拔山兮,一连挑了金兀术的十一辆铁滑车,简直是楚霸王重生!可他没听军令独自跑下山,杀得人困马乏,于是被铁滑车砸得稀扁;诸葛亮神机妙算大智近妖,因没把刘备临死前的“马谡言过其实,不可大用”的嘱托当回事,错用了马谡导致失街亭。人都有发昏的时候,发昏就需要醒神开窍。怎么醒神开窍?一是自我惕厉。林则徐是个急性子,性急易误事,他就自制了一块“制怒”匾额，告诫警惕，控制住了滔天怒气。二是他人棒喝。黄檗禅师招收弟子时，总爱对弟子大喝一声并给予当头一棒，用来点醒迷失让他们幡然顿悟。重要时刻让诤友或身边高人监督也是棒喝。苏轼的结发妻王弗有着出色的“识人”本事，苏轼会客，她都要“垂帘听政”，客人走后帮助分析这人品性的缺失，提醒丈夫规避风险。三是放狠招以损止损。经常见有报道，吸毒人铁心要戒赌就自断手指，以血淋淋的断指之痛来唤回迷失的良知。谦谦君子不是回头浪子，但是头脑发昏了，也必须放狠招才能及时止损、柳暗花明。

慎独养成也难也不难，只要实事求是、谦虚谨慎、从善如流、意志坚定，面对权、钱、色等各种纷扰和蛊惑时，就能够稳立潮头。

（二）慎独君子，名垂青史

1. 慎独成就君子

关云长护送刘备的两位夫人千里走单骑前，曹操故意让他与两位嫂子同居一室，巴望发生点故事，这样关羽就再也不能回到刘备身边。云长他秉烛立于户外，通宵达旦。假如他在室内真的发生了点什么，谁也难察见真相，但道德会沦落，心理会塌陷。

有道是苍天有眼。《汉书·杨震传》里记载了一段传奇。杨震为官非常清廉，他担任了东莱太守，赴职途中路过昌邑，昌邑县县令是他从前举荐过的荆州秀才王密。这天夜里，王密怀揣十斤金子来感谢杨震。杨震说：“你为什么半夜而来?”王密说：“深夜里没有人知道。”杨震正色说道：“天知，神知，我知，子知。何谓无知!”这一句话让杨震美名传扬，“四知先生”不欺暗室，震慑古今。

《弟子规》说：“执虚器，如执盈；入虚室，如有人。”意思是拿着空的器皿，就像拿着盛满东西的器皿一样小心；进入没人的房间，就像进了有人的房间一样谨慎。我们对天地、对道德一定要心存敬畏,有人知无人知一个样,有诱惑没诱惑一个样。前面谈过“李勉埋金”的故事,李勉和一个书生同住一家旅店,书生重病,临死前拿出一百两银子央求李勉替自己办后事,用不完的银子就送给李勉。丧事办完后李勉就把剩余之银埋在书生的坟里。几年后书生的家人找来,李勉挖出银子完璧归赵。[①] 假如李勉当时隐匿了多余之银也无可厚非,况且谁也没看见,不过,李勉就不再是清廉慎独的君子了。我们熟知“坐怀不乱”的典故,一个寒冷的夜里,一个瑟瑟发抖的年轻女子来拍门,柳下惠见她要冻僵了,连忙解开衣襟,将女子紧紧抱住给她温暖,坐怀一夜,柳下惠如老僧入定。假如他稍有撩拨,就多了一对苟合鸳鸯,少了一个顶流偶像。

世间的很多因素都联系紧密,因果循环。冯梦龙的《喻世明言》有一篇《蒋兴哥重会珍珠衫》。说的是蒋兴哥外出经商,妻子王三巧儿独守空房,粮商陈大郎与牙婆设套诱惑了王三巧儿,三巧儿情迷之际把蒋家祖传的珍珠衫送给了陈大郎。蒋兴哥返乡的路上正巧遇见穿着珍珠衫的陈大郎,他得知奸情后忍痛和平休妻,三巧儿哭哭啼啼地改嫁给吴县令做妾。陈大郎的妻子平氏发现了那件珍珠衫,就给偷藏起来,陈大郎不久病逝,平氏经媒人介绍带着珍珠衫再嫁,那丈夫正是蒋兴哥,阴差阳错、山转水转,祖传的珍珠衫又回到蒋兴哥手中。后来蒋兴哥因官司牵连,恰逢三巧儿的后夫吴县令断案,吴县令了解隐情后,让这对夫妻破镜重圆。

人在做,天在看,天理昭彰,做了亏心事就有鬼敲门,不是不报,时辰不到,就像环绕的多米诺骨牌,绕了一圈准要砸倒始作俑者。有些贪官受贿隐秘,多少年都平安无事,但终要东窗事发,即便退休也得秋后算账,即便逃至国外也会被引渡归案。有些杀人

---

① 王谠:《唐语林·卷一》。

犯或逃往深山老林隐姓埋名，或大隐隐于市改头换面，可是往往会因其他的案子浮出水面，难逃恢恢的天网。

所以，把黑夜当白昼，将僻壤做闹市，君子应常怀惕厉之心。元代大儒许衡，曾经与众人在一个酷暑天路过河阳，渴得嗓子直冒烟，见路边有一棵大梨树，大家一拥而上争抢着摘梨吃，他却在梨树下端坐不动。有人问他为什么不摘梨吃，他说：不是自己的不可以吃。那人说：世道混乱，这棵树没有主人。许衡回答：梨树没有主人，难道我的心也没有主人吗？[①] 正是这种把无人视为有人的心境，才造就了许衡这般的慎独君子。

2. 慎独助推大业

百米大赛时，哪怕你奔跑如飞，一个趔趄，胜利就擦肩而过；穿越沙漠时，嗓子冒火，就差一口水，也许就永远留在了戈壁滩；在陡峭的山道上开车，一走神，轻则触壁，重则坠落深渊。不论在职场、商场或官场，慎独都是少走弯路的一个必要条件，慎独不能确保事业成功，但不慎独一定走不远。

"兰生幽谷，不为莫服而不芳。舟在江海，不为莫乘而不浮。君子行义，不为莫知而止休。"[②]意思是兰花生长在无人的山谷，不会因没人佩戴而不散发芳香；船航行在江河湖海上，不会因没人乘坐而不浮在水面；君子行使道义，不会因没人监管而松懈停止。这就是君子的可贵之处，也是君子能成就大业的密钥。

杨震拒金，不接受朋友在黑夜中的馈赠，"天知、神知、我知、子知"八个字闻名天下，因此官至太尉；李勉埋金，不拿走无人知晓的酬谢，慎独廉正，因此官至丞相；苏武被扣留匈奴，敌人威胁利诱招降未果，逼他独自在寒冷的北海牧羊，他吞毡毛、饮雪水、

---

① 宋濂、王祎：《元史·许衡传》。

② 《淮南子·说山训》。

睡冰窖,十九年忠心不改,因此成为民族英雄;王羲之把练字当作君子修身的专业课,春秋不歇,寒热不辍,有人无人,始终如一,涮笔洗砚竟能把一池清水染成墨池,因此,他的《兰亭集序》“飘如游云,娇若惊龙”①,成为“天下第一行书”。“我家洗砚池边树,朵朵花开淡墨痕。”王冕的这两句诗折射出了王羲之惕厉苦练的功力和超拔高远的境界。

谋事要谨慎,做人要慎独,若想成功必须日夜惕厉。曾国藩说:“余服官二十年,不敢稍染官宦气习,饮食起居,尚守寒素家风,极俭也可,略丰也可,太丰则吾不敢也。”②正因为慎独惕厉,他才一步一个脚印,位极人臣。

慎独为什么是成就大业的重要条件呢?有三点好处。

一是能规避风险。福兮祸所依,乐极能生悲,中国人笃信这个辩证法。慎独就是谋定再动,不违道德,谨慎从事,这样能规避风险。用兵打仗尤其要谨慎,“兵者,国之大事,死生之地,存亡之道,不可不察也。”诸葛亮错用马谡失了街亭,被司马懿大军追杀至西城,诸葛亮无兵可用,却大开城门,在城门楼上羽扇纶巾,焚香操琴。司马懿为什么不敢长驱直入?是因为他知道诸葛亮一生谨慎,一生谨慎让诸葛亮化险为夷。

二是能培养习惯。苏武在匈奴牧羊,听人说汉武帝驾崩了,顿时号啕,大口吐血,他每天早晚都要面朝南方凭吊,这是多么强烈的忠君情感啊,非一日养成!辛弃疾临终前大喊三声“杀贼!”为什么?收复中原是他的夙愿,可壮志未酬,愤懑淤积了几十年如鲠在喉!什么习惯都不会一蹴而就,小时候偷针,长大了偷金。所以君子必须时时慎独处处惕厉,培育高度自律高度自觉的意志

---

① 刘义庆:《世说新语·容止》。

② 《曾国藩家书·字谕纪鸿儿》。

力。一个老司机遇见突发事件,也许他正在聊天走神儿,习惯会驱使他立马踩刹车,一旦成了习惯,慎独成自然。

三是能带来机遇。慎独与诚信是孪生兄弟,诚信人处世方正,多谨言慎行。杨时和游酢去程颐家拜师,见先生正在打坐,就在门外等候,大雪飘飞、天气奇寒,他俩不敢稍动,等先生醒来时大雪已掩过了小腿。程门立雪的诚心和恭谨谁不喜欢?晏殊以神童身份参加进士殿试,见题目自己平时做过,就直言秉告并请求换题,天知地知无人知啊,宋真宗感动得稀里哗啦,直接将他提拔。慎言慎行是晏殊的习惯,圣上问他事情,他都用一寸见方的纸片打草稿,事后连同原件一同密封好交给圣上,所以,圣上非常器重他。

"机遇"不能狭隘地理解。《史记·循吏列传》记载,春秋时期鲁国的丞相公仪休,十分喜欢吃鱼,很多人纷纷送鱼给他,他都一一回绝。学生问他:"你喜欢吃鱼为什么不要?"公仪休说:"正因为喜欢吃鱼才不能接受,我当丞相,买得起鱼吃,如果因受贿被罢官,再想吃鱼也买不起了。"所以,君子慎独,很多时候不失去就是得到,有所弃可能获得更多。

(三)共产党人须心怀"八慎"

1. 初次莫失守

"八慎"是个概数。慎独牵手了慎心、慎微、慎言、慎行、慎初、慎欲、慎友等很多内容,不过,细数起来何止"八慎"?人在僻远荒蛮地不该谨慎吗?枕边风贯耳不该谨慎吗?手握大权不该谨慎吗?诸多之慎,慎心是基础,慎独挑大头,严守好慎独犹如一夫当关。

慎初是慎独的先锋官。拿用兵打仗譬喻,若说慎独是主力军,是战役胜利的关键,慎初就是尖刀连,靠它先声夺人、鼓舞士气、奠定胜利之基。慎初就是谨慎地对待第一次。习近平总书记告诫道:“如果第一粒扣子扣错了,剩余的扣子都会扣错。人生的扣子从一开始就要扣好。”①

第一次很重要。明朝张翰的《松窗梦语·宦游记》里有一则故事:张翰刚当上御史的时候,去拜访都台长官王廷相。王廷相为鼓励张翰廉洁从政,就讲了自己的一段经历。一次王廷相乘轿进城,半路下起大雨,有个轿夫穿了双新鞋,刚开始他小心翼翼地选择无水处走,走着走着不小心踩进了泥水坑,新鞋沾满了泥水,于是,这位轿夫就再也不顾及新鞋子,毫无顾忌地往泥水坑里践踏。王廷相感叹地说:做官做人做事一样,“倘一失足,将无所不至矣”。

第一次很重要,天高皇帝远的第一次更重要。农田缺少监管,杂草丛生,肆无忌惮地掠夺土地的营养;市场缺少监管,坑蒙拐骗横行无法无天;美国的枪支缺少监管,校园枪击案屡见不鲜。为什么礼崩乐坏时盗贼蜂起?为什么天下大乱时军阀混战?人处在无法律制衡、无道德规范的环境,各种野心就会猛虎出笼,各种邪火就会熊熊燃烧。所以,寻常的慎初虽重要,脱离监管的慎初更重要。孔子谈“仁”时强调说:“虽之夷狄不可弃也。”之所以强调,就是因为在偏远蛮荒坚守第一次难度更大。

一旦第一次咬咬牙挺过去了,就像打通了任督二脉,浑身通泰,正气上涨阴阳平衡,就形成了良性记忆,脑海里就有了比照参数,就有了免疫力。遇见外邪侵袭,T细胞、粒细胞等各种强大的免疫细胞就奋起迎敌,聚而歼之。

有一户人家,临街砌了一面白墙,主人担心有人乱涂乱画,就在墙上写了“白壁不要画”五个大字。有个好事的路人看见白壁

① 2014年5月4日习近平在北京大学师生座谈会上的讲话。

黑字十分刺眼，就提笔追问“为何你先画”。主人出来后十分生气，就写上“我壁我愿画”。路人心里抬杠，凭什么你另类啊？就跟着写“你画我也画”。眼瞅着白墙成这样了，主人只好委曲求全，“大家都不画”，路人这才心平气和，“不画就不画”。好好的一面白壁被糟蹋得乱七八糟。这个段子说明，不管什么原因，有了第一次的堕落，N 次堕落就接踵而来，苍蝇专叮有缝的蛋。

因此，有识之士都重慎初，严守第一次的防线。浙江大慈岩镇的古村落新叶村，纵横交错的街巷中间都是由一块块大石板连接而成，每一条石板路都通向学校，目的就是要让读书人足不涉泥，雨不湿靴，这里面蕴含着要读书人在君子路上一直不湿鞋的良苦用心。同样，中国共产党的“八项规定”和各种监管措施，也都是为了让我们的党员干部常在河边走一直不湿鞋。

2. 财色紧提防

人有各种欲望，色欲财欲一马当先。《礼记·礼运》讲：“饮食男女，人之大欲。”饮食是生活享受需要，渴望用金钱满足饮食丰美是人之常情；男女之事是生殖繁衍与感官愉悦需要，渴望男欢女爱也是人之常情。但凡事要讲一个“度”。

相传，有一次苏东坡到大相国寺探望佛印和尚，见墙上有佛印的题诗：“酒色财气四堵墙，人人都在里边藏。谁能跳出圈外头，不活百岁寿也长。”东坡觉得有点消极，既然酒色财气避不开，为什么不正面引导？就和了一首：“饮酒不醉是英豪，恋色不迷最为高。不义之财不可取，有气不生气自消。”不久，王安石陪同宋神宗来大相国寺公干，宋神宗看了两人的题诗很觉有趣，就让王安石谈谈见解，王安石挥笔写就：“世上无酒不成礼，人间无色路人稀。民为财富才发奋，国有朝气方生机。”宋神宗大以为然，也来助兴：“酒助礼乐社稷康，色育生灵重纲常。财足粮丰家国盛，气凝太极定阴阳。”

君臣四人各抒己见，视野不同，所见也不同。佛印满脑子四大皆空，认为跳出酒色财气方能修成正果；苏轼从儒家的中庸切入，认为只要把握好分寸，酒色财气依然为生活添彩；王安石以丞相的眼界抓住了酒色财气与治国理政的关系；宋神宗则是以天人合一的王者格局，道出了酒色财气与家国天下的浑然一体。

可见，财与色只要把它们恰当定位并合理获求，就无可挑剔。但是，财与色的分量很重，有的人拼命索取，有的人招架不住。在密室里遇见一个美丽的女子，在荒郊野外见到别人丢失的一块金子，伸手还是不伸手？这是对人性的极大考验，比试金石还灵验。共产党人也是人，财色当前也会雀跃、躁动，特别是攥着一些权力的党员，以权力谋金钱换美色是一种诱惑，诱惑你一步步尝试，进而踏入交换的通道。你的心理一旦出现裂纹，风暴立刻撕碎你的防线；你恬淡的心境一旦有了坑洼，洪水立刻把你淹没。财与色会主动纵体扑怀，县（市）长提拔、开发商承包、物产品采购、查办犯罪嫌疑人……都需要权力签字，金钱贿赂会密集袭来，大姑娘小媳妇玉体横陈，叫你五迷三道。

世界上有鲜花也有毒草，有公平正义也有邪门歪道，有财富国民、色育万物也有财惹祸、色生灾，它们是阴阳两极共生并行。用金钱和美色换来权力的照顾，与社会的伦理法纪背道而驰，却符合“人心不足蛇吞象”的自然属性，符合“损有余而补不足”的自然之道。这现象不可能根本消除，“野火烧不尽，春风吹又生”，只要人的欲望存在，财与色的表演就不会落幕。

怎样提防呢？防控新冠病毒依靠一里一外两块盾牌：洗手、戴口罩、不扎堆，与病毒隔离，是外盾；吃好、睡好、打疫苗，增强免疫力，是内盾。有了这两张牌，基本上云淡风轻。抵御金钱美色之矛也要铸就两块盾牌。“八项规定”、监督监察等让人不敢腐，是金钟罩似的外盾牌；学习、修身、自省，锤炼强大的内心，是增强免疫的内盾牌。有人会说，学习修身没用，欲念遏制不住。此话差矣！那是功夫不够深。为什么张载能倾力为天地立心，为生民立命？为什么岳飞明知被十二道金牌召回凶多吉少还慷慨赴死？为什么邱少云宁可烈火焚身也不肯挪动一步？是因为理想信仰、君子人格、仁善忠诚已化为他们的原始血脉，即便山无陵江水为竭也不能改变分毫。至于极少数江山易改本性难移的人，也只能请他们去纪委“喝茶”。

3. 无处不慎独

慎独不是一时一地，更不是昙花一现，而是多层面全方位的。

杨修为什么被曹操杀死，有一个重要原因就是话太多。曹操在小花园的门上写了一个“活”字，他张口就说门太阔，让人拆掉；曹操在糕点上写了“一合酥”，他马上让大家一人一口吃掉。杨修的多嘴显得曹操的智商没一点高度。两人路过曹娥碑，见了碑背面的“黄绢、幼妇、外孙、齑臼”字谜，杨修马上猜出来并毫不掩饰，曹操走了三十里后才悟出是“绝妙好辞”，曹操表面夸他咱俩才华竟相差三十里，内心的不满已蹿起了火苗。更叫人难堪的是，曹操担心暗杀，就对众人说他爱梦中杀人。有一次他把被子蹬开了，近侍过去把被子掖好，被曹操一刀砍死，他醒后大惊问，是谁把我的近侍杀死了？曹操骗过了所有人，唯独杨修感叹道：“丞相非在梦中，君乃在梦中耳。”曹操对此恨之入骨。因此，借“鸡肋”事件，以“扰乱军心”罪名砍了杨修的脑袋。

言多有失，作为君子，作为共产党员，谨言那是必须的。《论语》说“出门如见大宾，使民如承大祭”，因此，不管听领导吩咐还是吩咐群众，都要严肃认真，不能信口开河，都要言出必行，行必有果。

世界上最大的风不是台风而是枕边风。有人说男人因征服天下而赢得女人，女人因征服男人而赢得天下，不少时候，女人的枕边风是征服男人的利器。人的身体容易自内坍塌,很多大病重病都是由于免疫力低下后,才导致某个器官弱化甚至衰竭。人的精神防线同样,外面的进攻很容易被识破并寻到破解之法,女人的枕边风是糖弹,明知是毒药往往也很难破解。不少英雄豪杰,都被枕边风吹得英雄气短,更有“色”字当头的枭雄被枕边风吹得身败名裂。殷纣王受妲己蛊惑,杀死了丞相比干,逼走了大将黄飞虎,民心丧尽,殷商的江山被周武王夺取;唐玄宗痴迷于杨贵妃后,春宵苦短,迷色懒政,酿成了长达八年的“安史之乱”;当今更有数不清的高官被枕边风吹进了监狱。所以,枕边慎独也是必须。

修为不精湛、意志力不强大的人容易被环境裹挟随波逐流,容易被坏人搞定误国害己,就像敏感的人挪个新屋子就睡不着觉,到了外乡一吃东西就闹肚子一样。一旦走出国门、走进了资本主义的天地,原本套在他头上的党规党纪的紧箍咒突然没影儿了,原本暗羡的莺歌燕舞、丰乳肥臀突然唾手可得了,心痒难抓,只要机缘来了,兵败如山倒。

并非这些人就是坏人,而是内心的另一面在特定场景突然被激活、人性瞬间异变罢了。汉朝“飞将军”李广的孙子李陵原本可以当英雄的,他的队伍在与匈奴的搏杀中弹尽粮绝,他不忍心看着士兵一个个战死,才违心地投降了匈奴,结果一发不可收拾。所以,意志力不强大的人最好别去域外冒险,弄不好就会像李陵那样,变节后又痛苦彷徨。所以,域外更要慎独。

一个人做点好事并不难,难的是一辈子做好事不做坏事。同样,一个人谨言慎行一时并不难,难的是谨言慎行一辈子。我们恪守住“瓜田不纳履,李下不正冠”的古训,或许能减免一些祸端。

七、君子忠孝，家国担当

忠臣义士、孝子贤孙，是儒家社会推崇的英雄和楷模，是中华民族历史长河中的一个个璀璨的光标，是验证一个人是不是仁人君子的一个重要参照值。孝与忠是什么关系？在家与国中扮演了什么角色？缺乏孝敬之心能不能成就忠义大爱？当忠孝不能两全之时，为什么又有那么多的人能够慷慨赴死呢？

（一）孝是忠之源，孝家才忠国

1. 孝为根本忠是花

很多时候，事物的起点其貌不显，却充满了生命的张力。涛声如雷的壶口瀑布从涓涓细水流来，虎背熊腰的汉子从孱弱的婴儿走来，曲折复杂的故事的高潮来自不起眼的开端。“忠”，是一个高大上的词，忠君忠国忠人民，充盈着板荡烟尘和铁血肃杀，但刨根问底，“忠”还是源自温情脉脉的“孝”。

常言道，百善孝为先。有子说，孝“为仁之本”，而仁是五常之首，又是礼的内在核心，因此，孝顺父母的人“而好犯上者，鲜矣；不好犯上，而好作乱者，未之有也”①。什么是孝？从字形看，是小

① 《论语·学而》。有子：鲁国人，名若，孔子的学生。

孩子搀扶着老人,《说文》解释:善事父母,子承老也。“孝”就是对父母恭顺,从小做起,一代代传承。

儒家伦理非常强调孝道。人初性善,小孩子单纯,可塑性强,孝心从小渗入意识。对父母恭顺尽孝,是君子修身齐家不可或缺的,齐家方可治国,家和才能国固。

家是什么呢?缩小的国。国是什么呢?放大的家。千千万万的家庭就构成了国家,千千万万的家人就构成了国民。中国古代社会,从家庭到家族到邦国,从家长到族长到诸侯,姓氏与血缘是大一统国家建构的四梁八柱:姓氏是文化、是精神,文化相同就能够心理认同,精神相同就有了灵魂皈依。全国一百多个大姓,炎黄二帝是共同的文化始祖,龙是中华民族的精神图腾;血缘是中华家国社会凝聚的根脉,不断地生生不息,不断地开枝散叶,哗哗流淌的民族热血是强大的黏合剂,华夏子孙行走天涯,充满了民族自豪和家国情怀。

事物的构成及发展多是由里至外由小到大,如滚雪球、年轮的拓展、涟漪的扩散、太阳系九大行星的生成等。道生一,一生二,二生三。没有一,哪有二,哪有万物?家庭是社会的细胞,无家哪有国?无孝哪有忠?

忠是什么?从字形看,“忠”把心放中间,不偏不倚。《说文》解释:“尽心曰忠。”古代社会,忠是对君主而言、对国家而言。到了现代,爱党、爱国、爱人民就是忠的内涵。

忠从孝引申出来。姓氏血缘是引申的社会基础,家与国一体,国家如一个大家庭,由孝敬父母到忠君爱国顺理成章;仁爱学说是引申的理论基础,“老吾老,以及人之老”[①]将一己之爱引申为

① 《孟子·梁惠王上》。

大家之爱。“家事国事天下事，事事关心”①，视爱家爱国同样重要。由小爱到大爱，由孝家到忠国，孝是源，忠是流。孝是基础，忠是延伸。

不过，很多事物越是延伸、越到久远，辐射力或者说向心力就越弱。譬如：滚好的雪球最外层先融化，合抱粗的老树最外面爱崩裂，河里的涟漪最外圈渐远渐消。冥王星也是这样，相比八大行星来说，它离太阳最远，受到的约束力最小，不仅它的运行轨道与其他行星不同，而且它上蹿下跳，忽远忽近，还不时闯入海王星的领域，所以，已从九大行星里开除。

从在家里孝敬父母到在邦国忠于国君，血缘是越来越淡，情感是越来越疏，就要依靠外力强化，具体说就是依靠制度与伦理制约，如同给木桶加箍不让散裂，冬天戴帽防止热气蒸发。宋代理学家借助道家的宇宙生成论构筑了一个将天、地、人视为一体的巨大的理论体系，将家与国、孝与忠牢牢绑定合而为一。

2. 大孝大忠看至情

飞禽走兽游鱼，为佑护子女，绝大多数母亲都能含辛茹苦，甚至不惜毁灭自我。有人看见一只落汤鸡在暴风雨中一动不动，它展开的双翅像一顶大伞，下面蜷缩着五只鸡宝宝；某处农田，轰鸣的播种机泰山压顶似的开过来，一只大雁寸步不移，张开翅膀誓死守护尚未孵化出的雁宝宝；一个猎人追逐一只藏羚羊，藏羚羊逃到悬崖边突然转回身跪下来，满眼都是泪水。猎人纳闷了，动物还知道下跪求情？可他仍毫不留情地一枪打死了藏羚羊。剥皮剖开后，一下子惊呆了，它的肚子里竟有一只仍在蠕动的胎儿！原来藏羚羊妈妈是为宝宝下跪啊。

在生死关头，人类母爱更见光彩，母亲能在竭尽主观所能后

---

① 顾宪成：题东林书院对联。

牺牲自我。汶川大地震中，一位年轻的母亲被巨大而扭曲的水泥预制板砸死，死前她双膝跪地，上身向前匍匐，双手支撑着地面，胸前躺着一个三四个月大小的婴儿。母亲死了，孩子活着，妈妈耗费了多大努力承受了多大痛苦才为孩子留下了生的空间。

母爱是天地化育赋予母亲的一种本能，是人与动物的一种基因记忆，有了孩子就有了未来，生命之花就可以在儿女身上绽放。所以，母爱无私，大爱无疆。

老不歇心，少没良心，似乎是规律。母爱无私，反过来不是；儿女是娘身上掉下的肉，反过来不是；孩子是父母的未来，反过来不是。生与被生差别太大，母亲孕育儿女呵护备至，孩子羽翼丰满了，就飞鸟四散。母爱越老越浓，有所谓的隔代亲，儿女尽孝却越老越疏，父母老了，没能力了，不少老人就被放进了养老院。

对父母长辈尽孝更多是靠血脉的亲近，伦理的维系，亲情的涌动，尤其是亲情。久病床前无孝子。身心疲惫了，感情麻木了，就到了考验对父母情感深不深厚的关节点。白居易的诗歌理论把诗歌比喻成果树，根是情，苗是言，花是声，果是义，认为没有深情就没有诗，“感人心者，莫先乎情”①。同样，强烈的情感是大忠大孝的源泉。无至情无以生大爱，无至情无以行忠孝。

李密为什么敢一再拒绝晋武帝司马炎的委任，因为要竭力供养相依为命的祖母；艾青为什么眼睛里总含着泪水，因为他这个地主的儿子与养育他的保姆母子情深；白居易的新乐府诗歌为什么书写人民的痛苦如泣如诉，因为是为民奋笔、为朝廷疾书；江姐为什么牺牲前款款绣红旗？刘胡兰为什么铡刀下丝毫不畏惧？陈毅为什么面临腥风血雨，还引吭高歌“人间遍种自由花”？是因为他们对党和人民无限热爱、无限忠诚！

---

① 白居易：《与元九书》。

“孝”与“忠”是中国历史文化发展史上的两个重磅词语，像一对兄弟筋骨相连。古代朝堂上一直闪烁着忠与奸搏杀的刀光剑影。比干剜心、岳飞屈死、左光斗遭炮烙，叫人悲悯；张巡、包拯、史可法忠肝义胆正气浩荡，叫人崇敬；赵高、秦桧、魏忠贤，指鹿为马残害忠良，叫人切齿。历史大戏有多复杂，忠奸较量就有多惊心，像扑不灭的火，不断地燃烧，照亮了历史进程。而中国百姓的家庭生活也一直有孝或不孝的话题。张家儿子给老妈端屎端尿，李家闺女把老爸丢到了养老院，陈家的小姑子又来争家产……从古到今、大江南北、正史野史、影视戏剧，持续上演着这种家长里短的热闹。

至情忠孝凝聚了民族风骨、民族精神，它是一种民族符号，让中华自立于民族之林。《窦娥冤》里窦娥至孝，为保全婆婆毁灭了自我；《赵氏孤儿》里程婴至忠，为保全主公的血脉忍痛割舍了亲儿。这两出大戏就是这种民族符号的浓缩，不仅把中世纪的中国悲剧推向了世界悲剧的峰巅，更让世界看到了中国人的崇高。

（二）忠孝不两全，舍生取大义

1. 爱国先爱家

如果问先有蛋还是先有鸡，你会很纠结，如果问先有家还是先有国，你会理直气壮地回答，无家哪有国？百丈翠竹不会一阵春风就由一片竹芽“咔嚓嚓”蹿起，千里大河不会几个呼吸就由一汪泉眼呼啦啦暴涨，事物的发展都有一个积累、蓄势、迸发的阶段。

很多人听过“一屋不扫，何以扫天下”这句话，原文不是这样的。刘蓉小时候在书房读书，遇见不懂的就仰头思索，想不出头绪就在屋里走来走去。屋里有个洼坑，他每次走过都被绊一下，慢慢地就习惯了。一天，父亲来屋里，笑着对他说：“一室之不治，何以天下家国为?”就让仆人把洼坑填平了。父亲离开后,刘蓉走在平整的地面上反而不习惯了。[①] 这个故事告诉我们:做事情要从本源开始,做大事要从小事做起,才能养成好习惯。

爱国先爱家,忠君先孝亲,家都不爱还会爱国?不孝父母还会爱戴领袖?所以,中国古代社会对孝推崇备至,就连靠篡夺曹魏江山起家而不敢言“忠”的晋武帝司马炎也扯起了以“孝”治天下的大旗。孝对中国社会发展壮大功劳至大,孙中山在演讲“三民主义”之民族主义时无比感慨地说:《孝经》所讲的“孝字,几乎无所不包,无所不至”。

孝是忠的基石,历代王朝都会费尽心思来夯实这块基石。比如,科举选拔对孝子有举孝廉的优待,官员遇父丧或母丧必须离职守孝“丁忧”。国家高调倡导孝道,因此,仁人孝子雨后春笋般涌现。孔门弟子曾参,父亲死了,他 7 天 7 夜不吃不喝,弄得形销骨立;汉朝人董永,父亲病重不能走路,他就用车推着父亲去打工,父亲死后,他卖身葬父毫不犹豫;岳飞母亲死后,岳飞在坟前搭了草棚,每天凭吊哭泣,守孝 3 年不忍离去,还是他的一帮结义兄弟硬是拆了草棚把他拽回家。

越是名士高官、公众人物,越要做仁孝的榜样。北宋黄庭坚,诗歌与苏轼齐名,书法与苏轼、米芾、蔡襄齐名,是一位响当当的高人。他侍母至孝,母亲爱干净,他每天都给其刷洗马桶,从不假手他人;开创“文景之治”的汉文帝刘恒,母亲卧病 3 年,他侍奉床前衣不解带、不敢合眼,母亲喝药,他亲口尝过才放心,仁孝之名令天下动容。

明代官员曹学佺有一副著名的对联:“仗义每多屠狗辈,负心多是读书人。”意思是热血百姓大多仗义,软弱书生常不靠谱。这

---

① 刘蓉:《养晦堂诗文集·习惯说》。

下联概括得准不准不说，侠义辈的确多仁心孝心。孔子大弟子子路勇敢刚正，孝顺父母远近闻名。小时候家穷，他吃野菜，却不断地从百里之外低价买米背回家给二老吃。父母去世后，他做了楚国大官，锦衣美食、从者如云，却常黯然神伤："即使我想再吃野菜，再想为父母背米，也没机会了！"[①]黑旋风李逵性如烈火，孝心也如烈火般猛烈。《水浒传》第四十二回里，李逵见众弟兄纷纷接爹娘来梁山泊，牵动了孝心。他翻山越岭到家，背起哭瞎了眼睛的老娘就走。不料，因半道上给老娘找水，老娘竟被4头老虎吃了。一片孝心换来天大惨祸，燃烧的悲愤化作超凡的神勇，李逵憋足一口气连杀四虎。

一般来讲，对父母孝对国家也忠，共产党人就义前的一封封红色家书写满了对爹娘的眷恋和对新中国的憧憬。夏明翰劝母亲："亲爱的妈妈，别难过，别呜咽，别让子规啼月蒙了眼，别用泪水送儿别人间。儿女不见妈妈两鬓白，但相信你会看到我们举过的红旗飘扬在祖国的蓝天。"毛慈影告父母："信到之时，儿已含笑九泉。望二老勿悲。儿虽去也，同志者众；革命大业，必定成功……今生未得孝敬二老，来世必当承欢膝下。"王孝锡与双亲诀别道："取来烈火千万炬，这黑暗世界，化作尘烟……望爹娘，休把儿挂念，养玉体，度残年。"英烈们既牵挂父母，又笃信革命大业，一颗颗拳拳孝心映衬着忠的崇高，照亮了忠之源、爱之本。[②]

2. 舍家全大义

你置身白昼，夜晚也就不远，你享受了蜂飞蝶舞的春日，就即将踏足烈日如火的盛夏，我们无法选择。生活中，在小家享有人伦欢乐，在大国享有安全保障，有时候家与国之间必须有选

---

① 《孔子家语·致思》。

② 夏明翰(1900～1928)：湖南衡阳人；毛慈影(1915～1935)：四川自贡人；王孝锡(1903～1928)：甘肃宁县人。

择。鱼和熊掌不可兼得之时，该怎么办？非常时期，舍小家全大义，舍弃在父母膝下承欢、肩负护国责任，甚至牺牲性命义不容辞。

20 世纪 70 年代，南越政权欺负我国海军舰艇弱小，疯狂霸占了我国西沙群岛的不少岛屿，我国海军将士忍无可忍自卫反击，以小炮艇重创大军舰，以手榴弹、冲锋枪打出了军威。“炮声隆，战云飞，南海在咆哮……”1974 年，张永枚的长诗《西沙之战》一发表，全国立刻沸腾，海外华侨也扬眉吐气。这就是大国自豪！有靠山的自豪！

抗击新冠病毒肺炎期间有一篇新闻叫很多人感动。为了保护在阿曼的几千中国公民，中国政府免费向阿曼提供了 10 万支新冠疫苗，条件只有一个：“必须中国人先打！”消息传来，瞬间让无数人为祖国激动得热泪盈眶。这就是强国自豪！有靠山的自豪！

有大国才有小家，覆巢之下无完卵，领袖是国家的象征，是大海航行的舵手，领袖有了地位、有了尊严，航船的安全才有保障。

所以，在古代中国，忠臣义士灿烂如霞，有文人士大夫，也有江湖豪客与普通百姓，他们甘为国君、为国家割舍亲恩赴汤蹈火粉身碎骨。汉武帝时，苏武出使匈奴被扣押，敌人把他关进冰窖让他吞毡毛喝雪水，19 年中威胁劝降从不间断。苏武无比决绝地说，常想肝脑涂地报答皇恩。现在终于有了杀身成仁的机会，即使“蒙斧钺汤镬，诚甘乐之。臣事君，犹子事父也。子为父死，亡所恨”①。

为国家、为民族大义壮烈牺牲的现代中华儿女更是后浪推前浪，不过，再也没机会侍奉爹娘，共产党人也心如刀绞。“娘的眼泪似水淌，点点洒在儿的身上，满腹的话儿不知从何讲，含着眼泪

① 班固：《汉书·苏武传》。

叫亲娘……”监狱里的韩英杜鹃啼血令人哽咽。但是，“生我是娘，教我是党”，忠孝不能两全，“为革命，砍头只当风吹帽，为了党，洒尽热血心欢畅”。

忠君爱国路上并不都是鲜花和掌声，常常遭到自家营垒的误解甚至狙击，但他们矢志不改，忠心对天可表。比干被挖心，屈原投汨罗，岳鹏举屈死风波亭，袁崇焕被一刀刀凌迟……以热血荐轩辕，他们对国君没半点怨恨，因为国君就是天，就是国家；唐宋时期的名士风流哪个没被贬谪流放过？柳宗元贬谪柳州、白居易贬谪江州、刘禹锡贬谪连州、王安石贬谪惠州、欧阳修贬谪滁州、苏东坡贬谪黄州……他们可以党争，可以攻讦，但决不会怨怼皇帝，因为他们家国一体的忠孝价值观坚如磐石；“文化大革命”中，数不清的学者、教授、高干挨批斗、关牛棚，甚至妻离子散，天旋地转之后，仍然对党和国家忠心耿耿。因为他们生在中华大地，喝着中国共产党的甘霖，母亲可以犯错，但她永远是亲娘。

或许有人说：真是愚忠。这是所谓“聪明人”的看法。岳飞如果不愚忠，起兵造反，南宋临安城就可能狼烟滚滚；袁崇焕如果不愚忠，攻伐崇祯，明朝就可能更快毁灭。李陵聪明，因家破人亡而背叛汉武帝投降了匈奴，最终客死西域，也让祖父——“不教胡马度阴山”的飞将军李广蒙羞。至于古往今来的其他见风使舵的叛徒，也早被钉在了历史的耻辱柱上。

（三）忠孝家国，君子使命

1. 忠孝传承，强大厚重

孔子开创儒学之前，忠孝家国观念已经萌芽初始，在社会发展的浪潮中激荡出一簇簇的浪花，海浪拍击历史时空的崖壁，留下水滴石穿的烙痕，也在中国人的心理与精神深处生成强大的民族基因。

黄帝为什么能成为人文始祖？他造文字、制衣冠、建舟车、成音律、作《黄帝内经》，黄帝教化百姓，让百姓享受文明成果，让小家庭大族群稳定，超强的人格魅力赢得了风后、力牧、大鸿等正直能臣的归心和人民的拥戴。

尧舜为什么能成为千古仁君？尧舜重用贤良，大禹、皋陶等成其股肱之臣，尧舜以仁教化，使社会有序，百姓安居，可谓“率天下以仁，而民从之”[①]。

有明君，就有贤臣良民，明君贤臣良民不断涌现，家国忠孝渐次登场，在社会实践中一层层叠加，成为中华社会发展的一种动力，形成了中华民族凝聚的强大基因。夏商周，忠臣义士如春花初绽，关龙逄以死谏夏桀反遭炮烙，成了中国古代第一忠臣；比干以死谏殷纣反遭挖心，感动了中华的古与今；伯夷与叔齐冒死谏周武王不让攻打殷商，殷商灭亡后，宁死不吃周朝的谷麦，气节万民敬仰。这时候还没有儒家忠孝节义的伦理，却埋下了种子，只等着春风化雨。

周武王实行了宗子法。他被奉为天下的大宗，其余兄弟是小宗，被分封到各地当诸侯，在诸侯国里，诸侯又是支脉的大宗，这样层层地分封下去，天子是最高的家长，这就构成了先秦儒家父子君臣尊卑等级伦理的社会基础。社会不断发展，以血缘关系为基础的宗法制度就成为中国家国伦理一体化的经纬架构。

如果说，先秦孔孟之前明君贤臣的此伏彼起是忠孝家国基因传承的社会原因的话，那么，儒家纲常的教化熏陶就是忠孝家国基因传承的文化原因。

---

① 《礼记·大学》。

儒学诞生后,忠孝家国的理念逐渐强势,成为伴随社会滚滚向前的要素。儒学教化有明有暗、有主有辅,它们多层面地对社会灌注熏陶。

一些书册、诗歌、小说、图画、成语、俗语、名人名言等,不是儒学理论的正规军,却能东风浩荡兴云播雨。《周易》的天人合一,告诉我们人与自然一样,都是主从有序,都要遵规守矩;“十月胎恩重”“君尊则国安”“谁言寸草心”等金句,一遍又一遍地渲染孝父母、爱国家的社会操守;《二十四孝图》故事,以鲜活的事例形象地诠释了百善孝为先,叩击百姓的心灵,开启社会的心智。

有些含蓄的文字更是曲径通幽,像一个个半遮面的美女,揭去面纱更显妖娆。小说《杨家将》《水浒传》《三侠五义》《说岳全传》《三国演义》等,哪一部不是宣扬了忠孝节义?不过,是让人透过故事慢慢品咂,如同沐浴着阳光雨露;《诗经》、唐诗、宋词等,通过杨柳依依、大漠孤烟的画面来发散忠孝报国的情怀:“伯兮朅兮,邦之桀兮”(我的丈夫真英勇,他是国家大英雄),“戎车既驾,四牡业业”,“相看白刃血纷纷,死节从来岂顾勋?”,“金戈铁马,气吞万里如虎”。一句句吟诵,铿锵又上口,叫人豪气顿生。

儒学道德规范的匡正,是维护中国几千年封建社会安定有序发展的大道。君臣父子,忠孝节义,修身齐家治国平天下,老吾老以及人之老,北辰居其所众星共之……如鹰隼俯冲、瀑布飞流,气势如虹;如银瓶乍破、黄钟撞响,振聋发聩。这抽象出百姓忠孝的范本,筑牢了社会道德的堤坝,使自觉和不自觉的都要见贤思齐,使君子更君子。

2. 家国担当,意志如磐

世界上什么东西最坚硬?是钢铁、钻石、石墨烯,然而物质再坚硬却不能和意志匹敌。古人说:“志之所向,无坚不入,精兵锐甲,不能御也。”意思是意志坚定的人不可战胜。郑板桥就是一个意志坚定的人,“咬定青山不放松,立根原在破岩中。千磨万击还坚劲,任尔东西南北风”。诗如其人,一个“咬”字力有千钧,是他不肯与世俗同流的意志的写照。张载的座右铭是“为天地立心,为生民立命,为往世继绝学,为天下开太平”。这么高远的理想,令极多的文人士大夫不可企及,要身怀良品绝学,要意志坚定,必须是大丈夫真君子才能一览众山小。

怎样才能具有坚定的意志呢?一靠强大的信念。中国古代,太史负责记录历史,秉笔直书是渗透到其骨髓里的信念。春秋齐国,崔杼杀死了齐庄公,太史直书“崔杼弑其君”,崔杼就杀死了太史,让太史的大弟弟写,一连杀了大弟二弟,三弟仍不肯歪曲。崔杼十分无奈,只得作罢。这就是太史的信念,刀斧相加也决不苟且。

二靠崇高的使命感。于谦的使命感是要留清白在人间,他一生忠正廉明;周恩来的使命感是我们这些人一辈子就是为国家、为人民拉车!他一生鞠躬尽瘁;奥斯特洛夫斯基的使命感是要把“整个生命和全部精力都献给”“为解放全人类而斗争”,他燃烧了生命,留给我们《钢铁是怎样炼成的》这部恢宏大作,留下了保尔这个共产党员的光辉形象。

三靠不断地锤炼意志。少有天生超人,就像打铁,一次次淬火才能去芜存菁。电视剧《大决战》里,战士孔守法第一次上战场吓得尿裤子,人称“孔小胆”。铺天盖地的枪林弹雨是大熔炉,才两年他就华丽转身,在塔山阻击战中,带领两个新兵,深入敌后,端掉了敌人一个炮兵观测点,让敌炮误炸自己阵地,还用手榴弹冲锋枪打死了几十个敌兵,“孔大胆”让国民党军队闻风丧胆。钢铁就是这样炼成的。

忠孝家国担当依靠如磐的信念和崇高的使命感。

信念如磐、使命崇高才能有大忠大爱。1958年，苏联对核潜艇技术进行封锁，毛泽东发了狠誓：“核潜艇，一万年也要搞出来。”这句话让黄旭华热血奔涌，他决心献身祖国的核潜艇事业。没见过核潜艇，就从研究核潜艇模型开始，他隐姓埋名，30多年没有回过家，他的母亲从63岁盼到93岁才见到了儿子。他带领团队让中国成为第五个核潜艇大国。张桂梅扎根山区40多年，她说，看到山区女孩因贫困失学，“我心痛得无法呼吸，我体会到，一个受教育的女性，能阻断贫困的代际传递，改变三代人的命运”。张桂梅决心让大山里的女孩改天逆命。她没有孩子，却是孤儿院众多孩子的妈妈；她生活苛刻，却为学生、为教育投入了150多万；她被疾病折磨得死去活来，却推动创办了全国第一所免费女子高中，12年来让1804个女孩圆了大学梦。①

信念如磐、使命崇高才能不怕牺牲。《赵氏孤儿》里，权臣屠岸贾屠杀了忠臣赵盾的全家，还在全国搜捕仅存的襁褓中的赵氏孤儿。为报恩，门客程婴用亲生儿子替换，见亲儿遭刀砍，程婴“心似热油浇，泪珠不敢对人抛”，忠心护主就是程婴的信念与使命。戊戌变法失败后，谭嗣同拒绝逃生，他说：“各国变法无不从流血而成，今中国未闻有因变法而流血者，此国之所以不昌也。有之，请自嗣同始。”②为唤醒民众，我不入地狱谁入地狱的信念和使命，让谭嗣同笑傲牺牲。

---

① 张勇：《知行合一的信仰坚守》，《光明日报》2021年6月4日。

② 梁启超：《谭嗣同传》。

（四）孝根本，忠高标，培育忠孝价值观

1. 为核心价值忠孝鼓与呼

《吕氏春秋》里讲了一个故事，有个楚国人乘船渡江，不小心剑掉到水里，他急忙在船舷上用刀刻了记号，说“这是我的剑掉下水的地方”，船到地方后停下来，他就从刻记号的地方跳下水寻剑。这个楚国人真是糊涂，因为船已经走了好远，而剑没有动。

社会发展了，环境变化了，解决社会问题就得创新思路。王安石高扬“天变不足畏，祖宗不足法，人言不足恤”的旗帜，铁血改革，他屡遭攻讦而不悔。只要是改革就会遭狙击，商鞅、李斯、吴起、谭嗣同等，哪个不是因为变法弄得骨折筋断？但变法助推了社会进步。

理念、价值观同样要创新。忠孝是重要的传统核心价值，君臣父子、忠孝节义、百善孝为先等忠孝价值彰显，舍生取义、父母在不远游、身体发肤受之父母不敢毁伤，也都蕴含着孝亲爱国之意。但它们只是人伦纲常的语录短语，不在社会规律与自然规律一体的大坐标里。

到了北宋，宋儒“为天地立心，为往世继绝学”，以极大的热情对传统儒学进行创新，构筑了宋儒的宇宙本体论，揭示了“天地人之一道”规律，缔造出一个兼具佛道之长、容纳天地人方方面面的巨大理论体系，成为中国封建社会的官方哲学。毫无疑问，“忠孝”站在核心价值的最前沿。“忠孝”价值崇高，忠孝价值观对全社会犹如醍醐灌顶，因此，宋明时期大忠臣很多，辉煌如云蒸霞蔚，他们一个个名震古今。南宋末年的广东崖山海战，极其惨烈，丞相陆秀夫背着少帝投海自尽，十万军民追寻跳海殉国，文武百官、王公贵戚、皇后宫女等都不怕死，将忠君爱国诠释到了极致。

社会主义核心价值观是对传统价值观的创新。如果说传统

文化是金灿灿的皇冠，那么核心价值就是顶端的明珠，用来标志最崇高的价值；如果说传统文化是一匹匹绚丽的丝绸，那么核心价值就是精心剪裁出的时装，用来引导生活潮流；如果说传统文化是一股股涓涓细流，那么核心价值就是汇聚而成的滚滚大河，用来滋养民众。社会主义核心价值观既要有时代精神贯穿，又要有马克思主义照耀，但传统核心价值一定是主体；没有时代精神贯穿就不足以显示社会进步，没有马克思主义照耀就不是社会主义价值观，不把传统价值观作为主体就根本不是中国的价值观，就是斩断了中华民族的生命之根。

所以，忠与孝自然不能缺席社会主义核心价值观。忠，也叫爱国。在血脉与伦理上，孝是忠的根本，忠是孝的延展，不可拆分。就核心价值观讲，单独说孝，视野狭小，缺少国家伦理的层面；单独提忠，没有理论的本源，不能够将家庭与国家同构，缺乏凝聚力。所以孝与爱国应并提。虽然，在社会主义核心价值观里，明面上不见孝的身影，可孝是基石，谁敢小觑？就像耳听风吼马叫的黄河，自然能想到巴颜喀拉山北麓的源头，瞧见结满果子的树冠，自然不忘盘根错节的老根，全国上下此伏彼起的孝老爱亲的宣传活动无不说明了其中关系。如果孤立地强调爱国，对孝漠然视之，那将如同陆九渊所说的“今终日营营，如无根之木，无源之水，有采摘汲引之劳，而盈涸荣枯无常”①，意思是对于无源之水、无根之木，虽然付出了很多的劳动，结果是充盈还是干涸，是繁荣还是枯萎，真的难以预料啊。

2. 从孝着眼、平常抓起，培育爱国价值观

好习惯从平时养成、从点滴养成。隋末李密酷爱读书，他把《汉书》挂牛角上，抽空就瞅几眼，他饱读史书兵书，熟谙文韬武

① 陆九渊：《与曾宅之书》。

略，坐上了瓦岗军首领宝座；西汉匡衡小时候家贫买不起灯油，就把墙壁凿开一个小洞，借邻家的灯光读书，常年读书让他成为经学大师；北宋沈括是著名的科学家，他的探索求实精神从哪儿来的呢？靠平素养成。他读白居易的“人间四月芳菲尽，山寺桃花始盛开”诗句，开始不解，实地考察后恍然明白，哦，山下芳菲尽、山上桃花开是温差造成的。他看开封相国寺乐队演奏的壁画，能从琵琶手准备拨动的音位和管乐手所按的音位不同，琢磨出吹管乐手指按什么音就发什么音，弹琵琶只有拨弦后才会发音，准备动作要早。所以，求实探索的好习惯让他写出了科学名著《梦溪笔谈》。

孝心的养成也重在平常、重在点滴。《醒世恒言》讲：种田不熟不如荒，养儿不孝不如无。农谚道：人误地一时，地误人一年。经过了“文化大革命”，中国的传统价值观遭冲击，改革开放之初，西方的价值观涌入，“孝心”风烛残年，个人至上成了一种思潮，一些中学生、大学生动不动就抡棒挥刀打杀父母，诉诸报端的案例屡见不鲜。触目惊心的社会现实让我们警醒：培养孝心刻不容缓，必须由家庭到学校，从日常的方方面面灌注、熏陶。

说实话，做到真心实意尽孝很难。有一种花叫狂花，开得灿烂娇艳，就是不挂果；有一种武功叫花拳绣腿，打得眼花缭乱，就是不能动真格；有一种文章写得冠冕堂皇，念得抑扬顿挫，就是不接地气。它们最难的是挂果、实战、联系实际。不是说让爹娘好吃好穿、给爹娘钱财、替爹娘干活就是孝顺，若那样寒门没有孝，富贵人家全是孝子。尽孝最难是“色难”——对父母和颜悦色。[①]心有暖阳才能给父母阳光，同仁与礼的关系一样，有温润仁善之心，才有彬彬外貌、莹莹光华。

① 《论语·为政》。

我们国家是家国一体、家国同构，孝是仁善的起点，是爱国的起点。《孝经》说：“君子之事亲孝，故忠可移于君。”意思是君子侍奉父母能尽孝，就能把对父母的尽孝移作对国君的忠心。所以，先真心居家尽孝，再实意为国尽忠，一源一流，是中国社会的一种规律。

美国电影《泰坦尼克号》里，杰克身无分文，露丝对他一见钟情，她不顾母亲劝阻、担心，毅然随杰克而去。西方人赞赏这种没有物质基础、没有感情基础，只是两情相悦的一夜情，这部宣扬不管母亲情感，只追求个人自由浪漫的美国价值观的电影，使无数中国观众泪如雨下。静心想来，没有孝道支撑、个人利益高于一切的西方人，关键时刻能不能不辟斧钺为国尽忠呢？或许有人会，但是，血管里流淌着自由价值的西方人，很任性随意，爱国不爱国，真没有多少规律可讲。

邓小平说过，改革开放以来，我们“最大的失误是在教育方面”。由于思政教育和爱国教育不足，很长一个时期，官员有人贪腐，高校里各种思潮激荡，社会上有人鼓吹西方宪政，乱港分子把香港弄得鸡飞狗跳。思政教育必须常抓不懈，爱国价值观必须筑牢心灵。我们总结了教训，如今，大力反腐纯洁了队伍，唤回了共产党员为国为民服务的初心；高校的思政课老师走红校园，引导学生坚定了报国之志；网上主题团课《一起学党史》、央视《全国大学生党史知识竞答大会》等如熊熊炉火，不断地锤炼莘莘学子爱党爱国的心性；香港国安法重拳出击，乱港分子土崩瓦解，借助建党一百周年，强化了爱国教育，讲好了中国共产党的故事。化危为机，中国社会更加稳定和谐。

八、君子高哲，东方北斗

物有形形色，人分三六九。君子，有走街串巷的卖油郎，有运筹帷幄的智多星，而那些探究天地变化本源、洞悉社会发展规律、奠基思维方式核心价值的当属先哲圣人。先哲圣人播燃一簇簇思想之火，推开一扇扇文明之门，助推华夏民族自立于民族之林。他们似浩瀚苍穹的北斗光耀东方。

（一）君子高哲，洞察天人之道

1. 他们是东方的“天子”

北半球南半球凉热相反，东方人西方人言行不同。姑且不论东西方人的身高、肤色、风俗的差异，这些可能源自基因、纬度、气候、环境、饮食结构等因素的影响。那么，东西方的价值观念、思想信仰的较大分野是因为什么呢？

西方人敬畏神权、主张人天独立、强调个体价值，东方人尤其是中国人敬畏君权、主张天人合一、强调整体价值，这主要是东西方不同的思维方式所致。西方人重“丁是丁，卯是卯”的逻辑思维，中国人重诸多要素互相联系的整体思维，思维方式的形成是一个渐变过程，奠基人非圣人高哲难以开天辟地。

被称为古希腊第一位哲学家的泰勒斯，提出了“万物源于水”

的观点；古希腊数学家、哲学家毕达哥拉斯，认为“数是万物的本质”。不论源于水还是源于数，都是源于具体的个别的事物。毕达哥拉斯学派明确指出，1 是万物之母，2 是对立与否定，3 是万物的形体与形式，4 是正义，5 是第一个奇数与第一个偶数之和代表婚姻，6 是灵魂，7 是机会，8 是和谐，9 是理性和强大……亚里士多德集古希腊哲学大成，创立了形式逻辑，他的名著《形而上学》影响深远，后来又形成了一种用孤立、静止、片面的观点观察分析事物的形而上学的思维方式。

同时代的中国圣哲们在忙什么呢？在奠基中国思维方式，探究宇宙生成奥秘，揭示天人之间关系，规范人伦社会纲常。东周末年天下大乱，老子看不惯土地兼并贫富悬殊的现实，骑着青牛悄然来到了函谷关。这天，紫气东来、霞彩千条，在函谷关关令尹喜的诚邀下，老子耗费洪荒之力写就了洋洋五千言的《道德经》。

孔子正在夜以继日地克己复礼。一天，他乜斜着一只工艺简单的酒杯，发自肺腑地呼喊，“觚（酒杯）不觚，觚哉！觚哉！”[①]他喟叹东周制造的酒杯不如西周的酒杯精美，忧心礼崩乐坏的社会现状。所以，他毛遂自荐：“如有用我者，吾其为东周乎！”[②]他于鲁昭公二十四年专程到洛阳拜谒老子，老子劝他，提倡周礼的人早已灰飞湮灭，君子要顺自然识时务，可孔子就是不改初心。他周游列国，收徒讲学，克己复礼，如醉如痴。孔子去世后，凝聚心血的《论语》问世。

虽说人民推动了时代车轮，可惊才高端之辈像一把钥匙，打开了东方文明之门的大锁，他们拨开了历史迷雾，缩短了历史进程。老子与孔子就是君子里的绝世高端，是与西方同时代哲人媲

① 《论语·雍也》。

② 《论语·阳货》。

美的圣人。《道德经》言宇宙根本,含天地变化规律;言处世道理,察为人进退方略。与西方本质不同的内核是天人合一,社会规律要顺应自然规律,分析事物要从整体出发从联系入手。《论语》着重谈农耕文明中央集权社会的伦理纲常处世之道,从父子小家到君臣大国,个人与家庭、社会、国家唇齿相依,浑然一体。

老子与孔子分别是道家和儒家学派的掌门人,他们都将人视为天地万物的一部分,都重视群体价值。《道德经》奠定了中华民族整体思维方式的根基,《论语》初创了以姓氏血缘为纽带的中国社会结构的道德伦常。所以,《道德经》被西方人誉为"东方圣经",是除《圣经》以外被译成外国文字发布量最多的文化名著;儒学的"仁"与"礼"则能够融入日常生活,而且,"修身齐家治国平天下"作为君子的理想追求,具有极强的可操作性。

中国的高哲是真正的天子。如果说,君权神授的皇帝是世俗社会臣民的天子,统管老百姓的吃穿住行,那么,老子、孔子等超拔的先哲圣人就是思想文化领域的天子,他们创新思维、确立价值,引导中国乃至东方走进独特的文明纬度。

2. 全方位揭示天人合一大道

西方的形而上学思维方式看重孤立、片面、静止,逻辑思维方式注重概念、判断、推理。中国古代哲学家看待事物从整体、联系、发展切入,全方位地探究宇宙的生成和天地人的关系,逐渐形成了一种不同于西方的整体思维。

小说《封神演义》第十一回"羑里城囚西伯侯"讲述:西伯侯姬昌(后来的周文王)被商纣王关押在羑里(河南汤阴)7 年,囚禁期间,他根据八卦推演出了六十四卦。八卦象征天地雷风山泽水火等 8 种自然现象,六十四卦是将八卦符号分别两两重叠、排列组合成为六十四种卦象,各个卦象既独立又关联,每个卦象不同时段会有变化。

这不是小说家的子虚乌有，“文王拘而演《周易》”，有《史记·报任安书》为证。《周易》是儒家元典，又含道家原理，对天、地、人的关系作了探究，是中国整体思维的发端。“易”字由“日”“月”构成，日月指阴阳变化。《周易》蕴含的阴阳变化、对立统一思想，对后世影响深远。

《道德经》是道家元典。老子说：“道生一，一生二，二生三，三生万物。万物负阴而抱阳，冲气以为和。”[①]“道”是宇宙总规律，又是规律变化全过程；“生”是化生变化；“和”是和谐平衡。老子将“人、地、天、道”作为一个整体研究，老子说：“人法地，地法天，天法道，道法自然。”[②]《道德经》的伟大之处，是从整体思维的视角建构了宇宙生成论，对中华民族思维方式的引领作用独一无二。

孔子也信奉天人合一，他说：“天生德于予。”[③]不过，在宋之前，儒学长于伦理疏于思辨。周敦颐借鉴了老子的宇宙生成论，构筑了宋儒第一个宇宙本体论《太极图说》：“无极而太极，太极动而生阳，动极而静，静而生阴，静极复动……立天之道，曰阴与阳。立地之道，曰柔与刚。立人之道，曰仁与义。”太极是宇宙的本原，人和万物都由阴阳五行相互作用构成。全文249字，阐述了人同自然、个人同社会、社会伦理同自然的关系。程颢、程颐发展了宇宙本体论，指出：“天地人只一道也。”[④]“道”指自然规律，也指人伦规律。宋代儒学家根据“天人合一”的整体思维方式，将血缘家族群体与君臣父子伦理挂钩，建构出一个由百姓到国君、由家庭到国家、由意识形态到日常生活几乎无所不包的理论体系。

---

① 《道德经·四十二章》。

② 《道德经·二十五章》。

③ 《论语·述而》。

④ 《二程遗书》卷十八。

老子的宇宙生成理论为宋代儒家理论提供了理论支撑,而宋儒理论不仅为宋代中央集权保驾护航,更为以后的社会稳定、民族凝聚夯实了基础。

其他先哲是怎样看世界的呢?墨子忧国忧民,呼唤“兼爱”“非攻”;韩非子想帮助秦王一扫六合,强调“事在四方,要在中央。圣人执要,四方来效”;孙武探究兵法,称赞不战而屈人之兵善之善者;苏秦、张仪合纵连横,穿梭于战国七雄中。不管理论和实践,他们都是站在整体发展、古今变化、主客互动的高度。

世界是一个巨大的系统,是无数的局部组成的全局,局部与局部之间或相辅相成或相生相克。中国古代先哲从不同层面揭示了纷繁的天人之道,从各个侧面建构了浑然一体的天地人理论。单个看,儒家或道家各是一个系统:道家的“三生万物”与“道法自然”理论,反映了宇宙生成规律,反映了人与自然、与社会的关系。儒家的君臣父子与修身齐家治国理论,反映了社会伦理纲常,反映了个人与家庭、国家、社会的关系。综合看,儒、道、法、墨等构成了一个多元系统:儒家进取,道家无为;儒家德治,法家法治;兵家潜心攻伐,墨家倡导兼爱;名家擅长辩论,纵横家注重外交。他们剖析了紧密相连的大千世界,阐释了天人合一、对立统一、阴阳变化、纵横交叉的天人之道。

(二)整体思维:民族生命大动脉

1. 从整体思维到核心价值再到治国理论

什么是整体思维方式?认识和分析事物时,把人与自然、个人与社会、个体与个体之间都看作一个运动的整体,认为一切事物都是发展变化的,观察分析世界侧重于从诸多对象的矛盾统一的角度切入。儒家与道家,都非常敬畏天的力量,不论是“道法自然”还是“天生德于予”,他们的理论都反映了天人合一的整体思维特点。

整体思维是一种方法论，影响人们实践中的认识与判断。《庄子·养生主》讲了一个故事：不熟练的厨工宰牛每月要换刀，高明一点的厨工宰牛每年要换刀，有个叫“丁”的厨师替梁惠王宰牛，刀用了十九年，宰牛数千头，刀口却像刚磨出来一样锋利。这是因为一般的厨工宰牛是劈砍，高明点的厨工宰牛是切割，而庖丁宰牛时眼前不是牛的外貌，而是牛体内的整个肌肉筋骨的结构，刀顺着骨骼的间隙游走。“彼节者有间，而刀刃者无厚；以无厚入有间，恢恢乎其于游刃必有余地矣。”庖丁解牛以小见大，说明了解事物的整体，掌握事物之间的联系，就可以避实就虚、左右逢源。

生活中经常有整体思维的妙用。如前所说的我国古琴：琴长约三尺六寸五，象征一年三百六十五天；琴形下部扁平，上部似圆弧，象征天圆地方；琴体有头颈肩腰尾足，与人身相应。中间五根弦，内合五行（金木水火土），外合五音（宫商角徵羽）；两边为文弦与武弦。有泛音、散音、按音，象征天、地、人。演奏时要诚心、净手、焚香、操琴，追求的是天人合一的境界。

又如前面说过的“空城计”，司马懿引 15 万大军兵临城下。诸葛亮手边只有 2500 名老弱病残，他大开城门，让士兵扮成百姓模样，洒水扫街，自己则在城楼上鹤氅纶巾焚香操琴。之所以能吓退司马懿，是因为诸葛亮深信司马懿多疑，也知道司马懿了解自己“一生谨慎”。诸葛亮知己知彼，精密地把控了司马懿的心理弱点，全面地考量了各种因素的互动结果。如果换成了李逵、牛皋，哪管三七二十一，抡起板斧（双锏）就会杀将上来。

在长期的社会实践中，整体思维方式逐渐地呈现为“合和”二字。“合”即事物的整体或群体，“和”即群体里面的和谐。注重群体价值与和谐价值是中国传统文化的核心价值理念，由此派生出了不少重要的政治理念。

“民为邦本”是注重群体价值的结晶。老子说:“民不畏死,奈何以死惧之?”[①]说明老子懂得人民群体的力量。孟子有一句名言:“民为贵,社稷次之,君为轻。”[②]这既是对儒家民本思想的概括,也是中国传统文化注重群体价值的重要体现。有些人喜欢拿西方的“以人为本”炫耀,如果与中国的“以民为本”并论,一个人的力量能值几何?民众的力量才是滚滚波涛。不然,太平盛世的唐太宗能感慨“水能载舟,亦能覆舟”?南宋的杨万里在国难当头时能大声疾呼“国之命在民心”吗?

“和为贵”是注重和谐价值的提炼,既指人与人的关系,也指人与自然的关系。孔子创立了仁学思想,孟子将其发展成仁政理论,影响中国封建社会几千年;墨子主张“兼爱”“非攻”,人与人间要互相亲爱,国家间不要互相攻伐;这同儒家的“仁政”思想异曲同工。自然界的许多事物在天地孕育下,形成了互相依存的生物链,一荣俱荣一损俱损。人是自然的一部分,孟子说“数罟不入洿池”“斧斤以时入山林”[③],意思是捕捞不能用细密的渔网,砍伐要依照时令,才能够保护资源,可持续发展;庄子说“天地与我并生,而万物与我为一”[④],意思是天人合一。这些都强调了人与自然的和谐一体化关系。

整体思维注重群体价值与和谐价值,不仅派生出了“民为邦本”“和为贵”的政治理念,更是逐渐地形成了中央集权、家国一体的治国伦理,使中国走上了一条与西方国家完全不同的发展道路。

---

① 《道德经·七十四章》。
② 《孟子·尽心下》。
③ 《孟子·梁惠王上》。
④ 《庄子·齐物论》。

大自然就好像一个大棋盘，日月星辰、山川沟野、雷电风雨、春夏秋冬……每一枚棋子、每一方坐标、每一回攻防、每一次造化都互为联系，暗藏生发收敛的玄机，这是自然之道天地规律。天地阴阳化育了飞禽走兽、花木虫鱼、梅竹桃李，飞禽走兽、花木虫鱼、梅竹桃李的生命轨迹都铁定被自然规律打上一个个烙印。“一月普现一切水，一切水月一月摄”，万物恪守共同的规则共生共荣，构建了恢宏有序的大千世界。

社会规律由自然规律派生，社会规律要顺应自然规律；大自然恢宏有序，人类生存也应恢宏有序。周武王实行以姓氏血缘为纽带的宗法制度，从天子、诸侯，大夫、族长到父亲等，组成了先秦社会儒家尊卑等级井然有序的伦理基础。北宋创立了天地君臣父子家国一体的巨大的理论体系，家国一体，忠君爱国，民族凝聚，整个国家从上到下、由左至右，各种组合布局就像一个人全身的血脉，家家人人就是每一根血管，全身的血管干支分明、粗细有序，中央是心脏。

凡是整体都要求和谐，没有和谐整体就会解体。那么，自然之道是怎样和谐的呢？天的规律，好比一张拉开的大弓。老子说，弓箭高了就压低点，弓箭低了就抬高点，力量过大松一点，力量不够使点劲。一句话“天之道，损有余而补不足”①。因此，为了国家长治久安和谐发展，儒家高举“北辰居其所而众星共之”的以德治国旗帜，道家倡导“有余以奉天下”的公平治国理念，法家强调中央集权，墨家呼吁“兼爱”“非攻”，杂家主张兼儒墨合名法之长。

从秦始皇开始，中央集权、民族凝聚的治国方略给中国带来了大一统的盛世，秦朝变分封为郡县，最大限度地避免了诸侯割

① 《道德经·七十七章》。

据的隐患；秦始皇统一货币、文字、度量衡，使中国从疆域到文化真正实现大统一，成为中华历史文化发展史上的里程碑。秦铸铜钱圆形方孔“秦半两”的制式沿用于清末，秦推行的秦篆、隶书占“真草篆隶”中国四大书体的半壁江山，度量衡至今生生不息。

日月水汤汤，晨曦迎朝阳。中国共产党披荆斩棘建立了新中国，秉持以民为本的初心，注重群体和谐价值，携手 56 个民族，从胜利不断地走向胜利。

2. 大中原凝聚整体思维

不管是什么样的山川地貌，都会搭起一方风景，走出一方人物，人物身上都有显著的地域的印戳。《周易》完成于羑里城，《道德经》写就于函谷关，孔子周游六国主要在河南。整体思维方式为什么会在河南形成呢？

一是大中原的自然环境有利于孕育整体思维。

河南地处中原中央，中原大多数是平原，土地辽阔、交通便利，让人眼界阔大；中原居中国之中，人口稠密，农业稳定，让人生活习俗接近；农业靠天吃饭的现实，让人意识到人与自然联系紧密；中原逐鹿，战乱频仍，既加强了国家间的交流，又强化了中央集权的重要性；而黄帝在新郑建都更为中原打上了“大一统”的烙印。生活环境、生产方式、社会结构等客观存在的大格局决定了古代中国人认识分析事物从整体出发，主张天人合一、家国一统、人与自然和谐共处的思维特点。所以，中国先哲多探讨宇宙生成原理和天地人的关系。诗人墨客、庶民百姓，也动辄拿天地说事。屈原的忠心不为楚怀王理解，愤懑写《天问》，问日月星辰，问商汤文武，心骛八极，神游天外；《诗经》里，鄘地女孩儿的心上人不被认可，黯然神伤：娘啊，天啊，不体谅人啊；窦娥蒙冤，在断头台上，她怒不可遏：“地也，你不分好歹何为地？天也，你错勘贤愚枉做天！”

为什么古希腊没有形成整体思维呢？那里多山多海岸线，没有大面积的耕地，各个城邦被高山阻断、被大海环绕。客观存在的小格局决定古希腊人认识事物注重局部具体，崇尚独立自主的思维特征。古希腊人怀着理性之心而不是敬畏之心去探求自然与人的关系，对自然现象的解析注重概念的准确与逻辑的严密。所以，古希腊先哲多研究具体的数学、逻辑学。

二是百家争鸣的社会环境强化了整体思维的影响。

春秋战国百家争鸣，读书人授徒讲学四处游说，宣传各自的政治主张，最终儒道法墨脱颖而出，奠定了中华哲学的根基，深化了整体思维。

先看契机。周天子名存实亡，礼崩乐坏，新的典章制度亟待建立，大破才能大立的社会现实为百家争鸣提供了机遇。

再看态势。主要有儒道法墨，杂家、名家、兵家、纵横家、阴阳家等争鸣，各学派的代表人物都在中原。老庄豫东，孔孟鲁西，洛阳苏秦、开封张仪、新郑韩非子、濮阳吕不韦、鹤壁鬼谷子、平顶山墨子等，他们鸡犬之声相闻。犹如当下的纺织大世界、电子一条街、风味美食城等，近在咫尺、抱团切磋，才能滚雪球式发展。宏大的规模、超强的气场，形成了百家争鸣的局面。

最后看结果。碰撞启迪不仅让庄子发展了道家，杂家兼容了儒墨名法，韩非子集法家大成，而且使天人合一的整体思维渐渐地成为中华民族共同的思维方式，使这种整体思维处于民族传统文化深层结构的核心地位，并表现为民族特征、文化心态、社会心理和行为方式。

(三)东方北斗导航东方

1. 民族家国，中西泾渭分明

中国的圣哲，创立了天人合一的整体思维，演化出注重群体与和谐的核心价值,指导了民为邦本、和谐统一的社会实践。进而,中国的哲人宛如东方的北斗,成为东方国家、东方社会、东方民族发展的导航仪。

思维方式不同使中国与古希腊在政体制度上不同。天人合一的整体思维与大中原土地辽阔、交通便利的环境结合,加上群雄逐鹿中原,血与火不断地燃烧,渐渐地形成了以姓氏血缘为社会基础的中央集权国家,人民对领袖服从,对家国一体认同。这种中央集权的政体制度对古代东亚的朝鲜、日本、越南等国家影响至深。

古希腊重局部具体、判断推理,这种逻辑思维加上雅典、斯巴达、特洛伊等城邦一个个被大海高山阻断的客观地貌,使得古希腊各个城邦独立地发展,分别创造了僭主制、寡头制、贵族制、共和制、民主制、君主制等多种政治体制。多样化的政体被后世欧洲效法,比如:英国君主立宪制、法国议会共和制、俄罗斯总统制等。

中央集权、家国一体,促成了中华民族精神的凝聚。中原地区饱受异族侵略,却能一次次地融合统一,依靠的就是大一统的民族精神。东亚诸国受中华文化熏陶,民族特性也尽显中华之风。20 世纪 90 年代爆发了东亚金融危机,韩国人民捐金献银,与国家共渡难关。新加坡自 20 世纪 60 年代从马来西亚独立出来到成为亚洲四小龙之一只用了 15 年时间。日本更是疯狂的民族。第二次世界大战中,效忠天皇的日本国民给予战争疯狂的支持。日本偷袭珍珠港后到 1945 年 8 月这 3 年 9 个月中,竟生产出 682 艘海军舰船(其中包括 15 艘航空母舰和 6 艘巡洋舰)和 6 万架军用飞机,在日本工厂普遭轰炸的背景下,这一数字简直匪夷所思。①

---

① [日]森岛通夫:《日本成功之路》,经济日报出版社 1986 年版,第 130 页。

古希腊环海、松散的城邦制不可能孕育出大一统的民族精神，城邦间弱肉强食，民众生命不断遭受威胁，只好祈求神灵保护。古希腊城邦都有保护神，神权至上是西方民族精神的重要积淀。古希腊哲学追求独立民主精神，造成了西方民族个性张扬的特点。常年的海洋作战又使他们崇尚武力，喜欢冒险，这些都对欧洲影响广泛。

中国的儒学纲常伦理对东亚社会辐射极大。古希腊的神学观对欧洲极具影响。古希腊与古罗马文明被取代后，神学观念并没有从欧洲民族心理中湮灭，以至于中世纪禁欲主义横行，耶稣基督成为社会的主流宗教。

2. 文化生活，中西各吐芳华

思维方式具有非常巨大的生命力，一直贯穿在社会生活的方方面面，尤其是文化艺术领域，整体思维与逻辑思维在东西方社会各领风骚。

万物负阴而抱阳，人的身体好比一个小宇宙，因此，中医用阴阳原理解释人体五脏间的关系，中医看病通过望闻问切了解人体内的失衡状况，以君臣佐使多种中药配伍让体内失衡的阴阳二气重新协调；西医一般重局部重具体，外科手术注重刀起病除。

中国水墨画重神似、写意、气韵和意境，这就是整体思维。一张宣纸铺开，一管毛笔饱蘸水墨刷刷几笔，远山朦胧，近水迷离，一幅山水画跃然纸上。有时一枚印章、几个蝇头小字就可使原本左右失衡的画面达到一种和谐；西方工笔画重形似，非常逼真，画一匹马，鬃毛一根一根纤毫毕现。

中国雕塑重神似。洛阳龙门奉先寺的卢舍那大佛通高 17 米多，气势恢宏，通过夸张渲染，睿智伟岸的形象与佛法无边的神韵和谐统一；西方雕塑重形似，维纳斯、掷铁饼者雕塑，运用几何学、透视学原理，惟妙惟肖，尺寸与真人无二。

中国宫殿多呈平面四合院布局，欧洲建筑多呈高耸入云的哥特式布局。因为中国宫殿是帝王之所，帝王要登堂议事、要坐卧起居，平面的宫殿前后左右主宾有序，体现了中国古代的宗法思想与尊卑观念。欧洲哥特式建筑多为教堂，那是神的处所，高耸入云象征着神远离尘世，高高在上意味着俯视众生。

再看文学。从形式看，中国古典小说多章回式，大故事套小故事，刻画简约；欧洲小说不然，而且描写细腻冗长。从内容看，中国小说多大团圆结局，《西游记》西天取经终成正果，《水浒传》梁山好汉接受招安，《三国演义》里三国归晋，《红楼梦》结尾是"兰桂齐芳"；欧洲小说是悲喜剧都有。

处事方法更显东西方社会的分野。一般说，西方人待人接物"丁是丁，卯是卯"，就事论事。中国人则不显山不露水、左右环顾而言他；求人办事，开场白天马行空、云遮雾罩，弄得西方人十分迷惘。《红楼梦》贾政说"人情练达即文章"，意思是会看人下菜、懂得左右逢源的处世是最大的学问。刘备是处世的高手：长坂坡大战，赵子龙怀揣阿斗，血染战袍，来到刘备面前，双手递过阿斗。不料，刘备将阿斗高高举起掷之于地，朗声说："为了你险些坏我一员大将。"顿时收服五虎将人心于无形。

（四）神州风景这边独好

1. 天人合和，自然之道

天地合和生万物。合和就是匹配就是和谐，相仿可以合和，相悖也可以合和。长短、高低、大小、阴阳等，彼此相差甚远；但是，它们既对立又统一，选准了时机、用对了手法，让两物互补，照样能匹配。孤阴不生孤阳不长，自然之道就是合和之道。

中国圣哲吃着中原的小麦，沿着黄河边漫步，沐浴着燕赵荆楚之风，裤腿上沾着关中的泥巴，血液里流淌着农业文明老祖宗的基因，所以，孔孟老庄、韩非墨翟，他们的思维方式、核心价值取向最适宜中国。天人合一、群体和谐、家国一体、民族凝聚等观念伦理，顺应天时地利，是中华文明的大纛。

在整体思维的方法论的大框架内，衍生出了儒、道、法、墨等诸多的学派，中国的思想文化紫气万道。道家的世界观让中国人的眼界穿越碧落星空，聆听了天籁，沟通了人与自然，懂得了社会规律必须顺应自然规律的真谛。儒家的仁爱观，确立了仁义礼智信的君子标准，成为中国伦理社会殿堂的基石。儒家德治、法家法治、道家无为而治，仁爱兼爱、阴阳辩证、对立统一等，顺其自然之道，都是中华民族崛起道路上的一块块里程碑。

在“大一统”理念下，中国走出了第一个封建王朝，秦始皇一扫六合，开辟新纪元；走出了高歌猛进的强汉盛唐，《史记》、唐诗，读书唯高，金戈铁马、万邦来朝。在“和为贵”的理念下，宋朝不杀上书言事的读书人，营造了十分宽松的政治环境，迸发出时代的创造力，三教合一，市坊合一，火药、活字、指南针，宋词、理学、上河图，宋代思想文化艺术科技光耀千秋。

儒家思想孕育出一批批忠臣义士。北海牧羊的苏武、尽忠报国的岳飞、铁面无私的包拯、满门忠烈的杨家将、留取丹心照汗青的文天祥……他们是民族脊梁。民族精神代代传递，刘胡兰铡刀下赴死，杨靖宇血染长白山，黄继光堵枪眼，董存瑞炸碉堡；江竹筠渣滓洞里绣红旗绣出共产党人的坚定信仰，五壮士狼牙山惊天一跳跳出了民族阳刚……英烈身上都激荡着浩然正气。

古往今来，中国所以能成功，就是找准了道路、用对了手段。新冠病毒肆虐全球，在中国共产党领导下，中国人听党指挥，众志成城，以霹雳手段快速阻击。在很多国家依然愁云惨淡之时，中国气爽风清、艳阳高照。尽管会有反复，但大趋势不会改变。一滴水见太阳，独特的政体优势、制度优势、价值优势、思维方式优势、民族精神优势，折射出中国特色社会主义道路无比广阔的远景。

2. 条条大道通罗马

地球是个圆，任何一条经线都能环绕地球旅行，从理论上讲，定位一个坐标，从任何一个角度出发环绕都能回到起点。由于有深海、高山、沙漠、森林阻拦，不同的路线要使用不同的交通工具，可以是飞机、高铁、轮船、公交，也可以是骆驼、牛马、雪橇，因地制宜，只要找准最适应自己的路线和工具就是。

西方自有生存之道。古希腊各自独立的城邦制自然会创造出五颜六色的政体制度；城邦孤悬于大海之上，孤独沉寂必然渴望有强人保护，雅典娜、阿波罗、波塞冬等天赋异禀的城邦保护神应运而生；古希腊认为人天独立，注重于个别和具体，逻辑思维演化出了独立、自由、民主的西方价值观。西方国家找到了适合西方国情的发展道路，这是西方的自然之道。

当今世界，西方发达强国林立，西方超级大国企图将西方价值观倾销世界，将其作为“普世价值”干涉全球。中国的某些官品不好的官员，一有权力就感觉自己水平噌噌上涨，盲目崇拜西方，外行命令内行，生拉硬扯，到处指点江山，老虎屁股摸不得。而少部分所谓的“知识精英”，也追捧西方，亦步亦趋。

可是，赤道的火热融化不了南北极的冰川，大西洋上空的航线坐标不能引领太平洋上空的飞机。一方水土一方人。位于马来半岛与苏门答腊岛之间的马六甲海峡，是最繁忙的水道，你不能要求穿梭于尼罗河沿岸的船只绕道新加坡通过马六甲；四月天是澳大利亚的金秋，你不能强求北半球同你一道在家里观赏秋月。

行什么制度，走什么道路，不能普世、不能照搬，一照搬就四不像。在《改造我们的学习》里，毛主席批评过那些“言必称希腊”的所谓的马克思主义学者是忘记祖宗。古希腊文明的确是某种典范，但那是西方水土浇灌的文明，拿到中国，如不扎根中国土地，不与中国文化融合，只能水土不服，甚至枯萎夭折。毛主席说：“领导我们事业的核心力量是中国共产党，指导我们思想的理论基础是马克思列宁主义。”①他用中国的土壤培植了马克思主义大树，用黄河长江水滋润了马克思主义的花蕾。人们大都知道，毛主席引用的中国成语典故寓言故事，远远多于马克思主义的经典语录，他将马克思主义精髓掰开揉碎融入老百姓最喜闻乐见的中国故事里，所以，他能用马克思主义指导中国的革命与建设。

要想洋为中用，先讲好中国故事，不然，只能是邯郸学步、东施效颦。

① 《中华人民共和国第一届全国人民代表大会第一次会议开幕词》。

九、君子家风，国运葳蕤

好家风如春风，春风使草木吐绿欣欣向荣，使冰雪消融大千多彩。好家风让人心宽和，让家庭安和，让党风清和，让国家祥和。中国是礼仪之邦，“中国人的礼貌则是发自内心”①，中国的家庭多忠良之后书香门第，中国的诚信君子代代相传，中国的党风、国风浩浩荡荡，都与优良的家风密不可分。

(一)家风是家国瑰宝

1. 从家规、家训、家教看家风

家风又叫门风，指家族或家庭世代相传的精神风貌、道德品质、审美格调和整体气质的风格。优良家风的形成，缘于家规、家训和家教这三要素的长久发酵。

家规是行为准则，也叫家法，明确规定了家庭成员及后代子孙不能做什么。家训是训条，是对儿女子孙立身处世、持家治业的教导。家规是刚性的法条，强制恪守；家训是善诱的教导，灌注心灵。两者犹如国家层面制定的法律和倡导的价值观。

家规和家训都常见于书面，或单独刊印或附于家谱后，也有

① 辜鸿铭:《中国人的精神》。

在刻石、照壁、楹联上，来警示规范后世子孙。好的家规家训是中国传统文化的一叶，多彩绝妙。这里不妨艺海拾贝。

顶级的家规。赵匡胤登基后立下了三条家规，其中有一条是不得杀士大夫及上书言事者。家规刻石置于密室之中，任何人不得窥探，只有新皇帝即位才能一睹真容，并必须遵照执行。宋王赵家的家规是中国古代最高级别的家规。

最官样的家规。南阳内乡县县衙有一副著名的楹联："吃百姓之饭，穿百姓之衣，莫道百姓可欺，自己也是百姓；得一官不荣，失一官不辱，勿说一官无用，地方全靠一官。"作者是康熙年间内乡知县高以永，高以永是一家之主，也是一方之主，这副对联既是家规也是官场法条。高以永在内乡任职9年，勤政清贫、律己严格，从不带家眷上任，不留一点因私干政的缝隙，一心只为百姓。离任时内乡人扶老携幼来挽留。后来他的儿子路过内乡，内乡百姓"攀留而不忍舍道，相别泣下湿襟"。

最智慧的家训。康百万家族的家训是一块高悬的《留余》匾。"留有余，不尽之巧以还造化；留有余，不尽之禄以还朝廷；留有余，不尽之财以还百姓；留有余，不尽之福以还子孙。""临事让人一步，自有余地；临财放宽一分，自有余味。推之，凡事皆然。"《留余》匾闪耀着儒家的中庸光芒，体现了物极必反、盛极必衰的大智慧。古语说富不过三代，康百万家族却纵跨明、清、民国三时期，兴盛12代，辉煌400多年。

最严厉的家规。包拯的家规是："后世子孙仕宦，有犯赃滥者，不得放归本家，亡殁之后，不得葬于大茔之中。不从吾志，非吾子孙。"[①]他让儿子包珙刻石，竖在堂屋东壁。包拯一生刚正无私，他制定的家规也誓言铮铮。

---

① 吴曾：《能改斋漫录》。

最日常的家训。《朱柏庐治家格言》是一篇事关百姓生活的道德启蒙家训,通俗明了。开篇说:“黎明即起,洒扫庭除,要内外整洁。既昏便息,关锁门户,必亲自检点。一粥一饭,当思来处不易。半丝半缕,恒念物力维艰。宜未雨而绸缪,毋临渴而掘井……”朱柏庐是明末的理学家、教育家,父亲朱集璜抵御清军,城破后投河自尽,朱柏庐从此不求功名。他潜心教育,身体力行,从生活起居处教导百姓修身齐家。《朱柏庐治家格言》是清代家喻户晓的治家方略。

最全面的家训。朱熹的《朱子家训》,全面阐述了仁义礼智信,从君仁臣忠父慈子孝,说到朋友友爱邻里互助;从尊贤爱幼诚信知礼,说到处世大度律己严格。比如:“君之所贵者,仁也。臣之所贵者,忠也。父之所贵者,慈也。子之所贵者,孝也。”比如:“慎勿谈人之短,切莫矜己之长。仇者以义解之,怨者以直报之。”比如:“处世无私仇,治家无私法,勿损人而利己,勿妒贤而嫉能。”庙堂、街巷、达官、庶民、治国、持家等多有涉及,是修身齐家治国的宝典。

家教又是什么呢?指家庭内平日道德礼节的教育。除了家规、家训,父母长辈对于儿女后辈的言传身教及日常的训诫对家风的形成也很重要。苦口婆心是家教,桃李不言是家教,棍棒底下出孝子也是家教,付出了很多,不一定都能春华秋实。贾政动不动就拿读书训诫宝玉,到头来宝玉就是喜欢在脂粉圈里厮混。微信圈里有一个段子,“不写作业,母慈子孝,连搂带抱;一写作业,鸡飞狗跳,呜嗷乱叫……”,道出了辅导孩子写作业,不如请客吃饭那样轻松惬意。

若要家教的效果阳光灿烂,最好能清除环境的干扰。贾宝玉离开大观园才能励志,写作业的孩子没有电视、手机及各种美食的诱惑才能专心。最好能身怀高水平掌握好方法,循循善诱剥茧抽丝;最好能从娃娃抓起,形成好的习惯,家教起来才四两拨千斤。就像练武功，从小洗筋伐髓，拓宽了经络、打通了任督二脉，打造绝世高手从此不是梦。

2. 好家风泽被家国

家规和家训都蕴含了警示和期待。鲁迅先生离开时海婴才7岁，他的遗嘱是“万不可做空头文学家”，唯恐儿子长大后拉大旗作虎皮。林则徐深知把钱财当遗产的危机，训子对联是：“子孙若如我，留钱做什么？贤而多财，则损其志；子孙不如我，留钱做什么？愚而多财，益增其过。”诸葛亮，号卧龙，绝世才华多靠坐冷板凳笃学修养得来，“非淡泊无以明志，非宁静无以致远”，《诫子书》凝聚着他一生的感悟。乔家大院的中堂大门外的照壁上有一副对联：“经济会通守纪律，言词安定去雕镌”。经商就要遵循生意规律讲究商业道德，做人更不能掺假，两行字道出了乔家做人做事的标准。

不同的家庭，特点、风格和所追求的目标不同，家规家训都会各有侧重，尽管其中天地规律、饮食起居、修身齐家、启蒙教化的内容应有尽有，主要还是孝悌、忠信、礼义、廉耻、勤学等，从不同的角度切入，贴近各自的实际。岳母在岳飞脊背上针刺了“尽忠报国”四字。——突出一个“忠”字。孔子在庭院中见孔鲤懒学，便训诫他“不学诗，无以言”；“不学礼，无以立”①。——突出一个“学”字。1940年夏，陶行知得知儿子陶绍光背着自己向育才中学的校长索取一张文凭，就训诫儿子：“宁为真白丁，不做假秀才。”——突出一个“诚”字。司马谈临死前拉着司马迁的手哭着嘱托：我死后，你肯定要做太史的，千万别忘记我想写的书啊。“孝始于事亲，中于事君，终于立身。扬名于后世，以显父母，此孝

① 《论语·季氏》。

之大者。”[①]——突出一个“孝”字。

优秀的家规家训像花团锦簇，难以采撷万一。又如：范仲淹“勤读圣贤书，尊师如重亲；礼义勿疏狂，逊让敦睦邻”；曾国藩“家俭则兴，人勤则健，能勤能俭，永不贫贱”；史可法“孝悌、励志、勤廉、报国”……

七夕夜晚，遥望星空，牛郎织女的传说能为我们的爱情增添温馨浪漫；夏日炎炎，一朵朵荷花跃出了清渠，能让我们的生活如诗如画。

优良的家规家训能够化育人性、培养君子，让英才辈出、家国生辉。陶行知劝儿子诚实，陶绍光立马退还了索要的毕业证，教训谨记一生；鲁迅反对做空头文学家，海婴不敢违背，后辈儿女全都勤勤恳恳做事；孔子的庭训，让儿子孔鲤变得达理大度，家风熏陶了孙子子思，子思传承了儒学道统；司马谈的嘱托，坚定了司马迁著《史记》报父恩的心志，虽因李陵事件惨遭宫刑，至死靡它；岳母刺字，更是刺出了一个流芳百世的英雄。

家风润物无声，是志趣品性的塑形剂，塑形了史家三班、苏门三学士、忠烈杨家将。好家风虽小，能够吹拂出好村风、好民风、好国风，一脉相连，星火燎原。开封双龙巷、民权王公庄画虎村、新县将军县等，琳琅满目美不胜收，[②]都是家风民风的熏陶；盛唐高歌猛进的时代主旋律，两宋强烈的爱国主义悲情，民族记忆永垂史册，更是民风国风的驱动。优良的家风像东风，东风浩荡，中华大地春暖花开，万紫千红。

---

① 司马谈：《命子迁》。

② 开封双龙巷：居住过赵匡胤、赵匡义两个皇帝和袁世凯、徐世昌两个大总统，里面套有聚奎巷、状元胡同，进士文人如云；民权王公庄画虎村：有800多人画画，以画虎为主，有很多夫妻画家、父子画家、兄弟画家，作品远销日本、韩国、东南亚；新县将军县：走出了许世友、李德生、郑维山等43位开国将军。

(二)家风无形塑忠廉，党风国风靠家风

1. 好家风塑忠臣廉吏

都说伯乐常有千里马不常有，的确，没有千里马，再多的伯乐也没用。打江山、保社稷、建国家，离不开忠臣廉吏，忠臣廉吏从哪里来？不是靠发现，主要靠培育，靠家风陶冶教化。

鲁迅说，人生识字糊涂始。小孩子一两岁、两三岁时，懵懵懂懂地，经常听大人们说话，慢慢就记在心里，一点一滴，学会了说话，也明辨了是非。

家风教化要趁早，就像种庄稼，一播种就得浇水施肥，还要防止天灾虫害，不然没好收成。孔融生于书香门第官宦世家，儒学家风猎猎，4 岁就能让梨；白居易婴儿时，保姆抱着他"咿呀"认字，六七个月大就略识之无；孟子小时候爱逃学，孟母不吵不骂，"咔嚓"一剪子断了机杼上的布，孟子幡然励志；唐代浙西观察史李景让，小时候家里的墙壁塌了，露出了很多钱币。母亲告诫儿子，这是"不劳而获"不能取，要儿子立志"学问有成"。不爱钱财的母亲为他树立了榜样。

板荡识忠臣，培养在平时，忠臣廉吏的塑成多离不开耳提面命的家教。北宋刘安世是个忠勇刚直的谏官，他做谏官是靠母亲点化。刚一任命，他就对母亲说：当谏官必须"明目张胆，以身任责"，稍有忤逆，就大难临头。皇帝以孝治天下，我就以侍奉母亲为由辞官不做吧。母亲正色道：不对。"谏官为天子诤臣，……当捐身以报国恩"。如果因此获罪遭流放，不管多远，我都跟你去。刘安世谨遵母命走马上任，直言敢谏，人称"殿上虎"。[①] 东晋名将陶侃为官清廉，他的清廉也离不开母亲的训诫。陶侃曾管理过河

① 脱脱：《宋史·刘安世传》。

道及渔业，一天，他派人送给母亲一罐腌鱼。陶母问：是自家的还是官府的？来人说是官府的。陶母把腌鱼封好并修书一封："你身为官吏，拿官府的东西给我，不能让我高兴，反而增添我的担忧啊。"陶母责子责出了一代廉吏，清廉家风又孕育了"不为五斗米折腰"的陶渊明。

著名的家规家训很多，似一座座灯塔，光芒四射，照亮了正人君子的成长之路，像一声声鼙鼓，咚咚震耳，激活了仁人志士的忠孝诚信。《颜氏家训》是中国家规家训的鼻祖，七卷二十篇，教科书样，重修身与读书，不乏金句。如："上士忘名，中士立名，下士窃名。""与善人居，如入芝兰之室，久而自芳也；与恶人居，如入鲍鱼之肆，久而自臭也。""幼而学者，如日出之光；老而学者，如秉烛夜行。"……颜氏家训沐浴了颜氏子孙，颜之推的三个儿子颜思鲁、颜愍楚和颜游秦，都勤勉好学、博古通今。颜氏家族彪炳历史者辈出：颜师古是文字训诂大师，《汉书注》显扬后世；颜杲卿忠义刚直，起兵反抗安禄山叛军，大骂安禄山以身殉国；颜真卿不仅忠孝，而且颜体字雄浑大气，为书法树立高标。

相反，不良的家风能拉低人品，能毁灭人生。唐朝英明神武的皇帝不少，可好色乱伦经久不衰。高祖李渊笑纳了表哥隋炀帝的女人尹德妃和张婕妤；太宗李世民弄死了李元吉，果断地把弟媳杨氏收入帐中；高宗李治不客气地与他爹李世民的嫔妃武则天结婚；玄宗李隆基更离谱，强娶了儿媳妇杨玉环。明朝首辅严嵩，权倾朝野，卖官鬻爵，欺压同僚。儿子严世蕃受老爸的言传身教，谋财害命更疯狂，最终被砍头。

优良家风陶冶人，倘若受教者顽冥不灵也断然不能。熊熊的高炉冶炼精钢，合适的温度孵化小鸡，书香家风培育忠臣廉吏，但有个前提：材料必须是铁、是鸡蛋、是纯朴的人。没有草籽花种，再东风漫卷，再阳光雨露，也不会芳草萋萋。

2. 好家风育党风国风

春雨贵似油，却泽被了河野山岗；春雨涨春池，能浇灌出万树梨花。家风、党风和国风宛如春雨春水，道道清泉是家风，滔滔大河是党风，万里奔腾是国风，一脉贯穿。

1940 年，陈嘉庚率领南洋代表团到来。先拜访蒋介石，遭遇了山珍海味迎接，国民水深火热，高官却灯红酒绿，一下惹恼了陈嘉庚，他转身到了延安。这次他微服私访，扑入眼帘的是八路军军纪严明，根据地朴实无华。之后，毛泽东用一盘炖白菜、一盘萝卜咸菜和一盆鸡汤招待。他说，白菜是自己种的，萝卜是自己腌的，这只鸡是一个老百姓听说你要来特意送过来的。陈嘉庚顿时明了，国民党腐败靠不住，中国的希望在延安。

艰苦朴素的党风从哪里来？家庭是社会的细胞，有了好家风，才会有好党风。

刘少奇在《论共产党员的修养》里讲："一个共产党员，在任何时候、任何问题上，都应该首先想到党的整体利益，都要把党的利益摆在前面，把个人问题、个人利益摆在服从的地位。"刘少奇这样要求全党，也这样敦促孩子们恪守。大女儿刘爱琴在《我的父亲刘少奇》里说：父亲对我们都是从严管教，有时甚至严厉到接受不了的程度。1951 年 2 月，在中国人民大学读书的刘爱琴党员预备期满准备转正，刘少奇专门给学校写信不让她入党转正，说她政治还不够成熟，生活还不够艰苦朴素。刘爱琴知道这正是父亲的期望和关爱，1958 年她主动要求下放到内蒙古工作，直到 1966 年才正式成为一名共产党员。

周恩来制定了严苛的十条家规，之一是"不谋私利，不搞特殊化"。1968 年，侄女周秉建去内蒙古插队，被推荐参军。周恩来得知后说，内蒙古那么多人专门挑上了你，还不是看我们的面子？我们不能搞特殊。硬是让侄女脱下军装返回内蒙古插队。周恩来与邓颖超伉俪情深,为避嫌,他一再压低邓颖超的任职,不让她当政府部门的部长,他说:“只要我当一天总理,邓颖超就不能到政府里任职。”

战争年代,毛泽东牺牲了 5 口亲人,抗美援朝期间又把毛岸英送上了炮火连天的战场,毛岸英同近 20 万的志愿军烈士一道,血染中朝友谊之花。

领袖们先行,党员和群众紧紧跟随。1934 年,闽粤赣边区的一个普通的女共产党党员黄新,冒着杀气腾腾的白色恐怖,用两块银元的党费给山上的红军准备了几坛子腌菜,她 5 岁的小妞饿极了,用干瘦的小手钻进坛子揪出一根豆角,黄新马上夺了过来。她只有一个念头:这是党费买来的,一根都不能少。北京密云县的邓玉芬大娘,把 6 个儿子送上了打鬼子的前线,她的儿子全都牺牲;瑞金沙洲坝的杨荣显老人,把 8 个儿子送上了反“围剿”的战场,结果无一生还。为保卫胜利,他们听党话跟党走,参军参战奋勇杀敌。江西兴国县人口 23 万,有 8 万多人参加红军,牺牲在长征路上的就有 12038 人;诞生了红四方面军的河南新县人口才 10 万,在革命战争年代,就有 5. 5 万名烈士。“最后一碗米送去做军粮,最后一尺布送去做军装,最后一件老棉袄盖在担架上,最后一个亲骨肉送去上战场。”这首民谣体现了老区人民的红色家风。

有好家风才有好党风,有好党风才有好国风。李自成进北京的教训让我党朝夕惕厉。新中国成立以后,两个“务必”警钟长鸣,重锤砸下,干部不敢谋私,干部下乡,作家下乡,医疗队下乡,“吃的是一锅饭,点的是一灯油”,干群心连心。在党领导下,人心向善、气正风清,大杂院里谁家上街买菜门都不关;十字路口老太太过马路有少先队员跑来搀扶;荒郊野外行人走夜路不用胆怯,只有月光朗照。

（三）三管齐下，家风传扬

1.“政令＋舆论”是传扬好家风的保障

政令是国家意志。有时候，天子的圣旨就是国家意志，天子的话就是政令，效果非同凡响。战国时期，齐威王听从邹忌的进言开门纳谏，提意见的臣民挤满朝堂，齐国声威大震；秦始皇采纳李斯的建议，统一文字、货币、度量衡，转眼间，秦朝的篆书隶书占据了中国书法艺术四大书体的半壁江山，“秦半两”流通到清末，寸、尺、丈至今使用；北宋时候东京城市民商业侵街现象屡禁不止，宋徽宗下令征收“侵街房廊钱”，市坊分开制度遂告瓦解。

舆论是社会宣传。政令是红花，舆论就是绿树，有绿树掩映，红花才会旖旎。秦朝统一初，六国的影响还在，为了给统一造势，《吕氏春秋》应运而生：“一则治，异则乱”，道出了舆论一统的重要。“义兵至，则邻国之民，归之若流水”，道出了统一是民心所向。大一统理论聚拢了民心。抗战之初，很多国民后知后觉，因此，宣传抗战的电影、话剧、街头剧大量出现，最生动形象地动员了群众。有时候舆论的功效的确很逆天，《共产党宣言》像幽灵一样在世界游荡，不需要政令，不需要倡导，社会主义国家遍地开花。

所以，倡导好家风，让家风引领国风，古代君王大都会不遗余力地充分利用“政令＋舆论”。

勤俭是好家风的重要构成，治国也这样。汉文帝刘恒提倡节俭，他在位23年，没盖宫殿，没修园林，没增添车辆仪仗，是中国最“小气”的皇帝之一，因此，他与汉景帝造就了“文景之治”。照理说皇帝要多少美女都不在话下，但宋太祖赵匡胤的内宫只有50余名宦官和200多名宫女，赵匡胤还嫌多，又遣散了自愿出宫的50余人。[1] 有这样的皇帝治国理政,宋朝能不政通人和吗?

有帝王做表率,社会舆论宣传自然要紧跟。中国古代史册多有记载家风的文字,《史记·孝文本纪》记录了汉文帝的节俭:他要求自己宠爱的慎夫人,不穿曳地长衣,帏帐不绣彩色花纹。为自己建造陵墓,不用金银铜锡做装饰。《晏子春秋·卷六内篇杂下第29》记载了晏子重视勤俭家风的传承:晏子病了,临死前妻子问他:"夫子无欲言乎?"晏子再三嘱托:我死后,担心家里节俭的习惯会改变。你一定要谨慎持家,不要改变这个习惯。

圣贤名流的家规家训,历朝历代更是出版了很多,如《颜氏家训》《曾国藩家书》《朱子家训》《朱柏庐治家格言》等。出版物越多,宣传面就越广,舆论不断地为家风传扬鼓气加油。

老子说:"大道废,有仁义;……国家昏乱,有忠臣。"[2]社会越板荡,家风越重要。曹操敢挟天子以令诸侯,敢在《求贤令》里呼唤盗嫂受金之人,却看重家庭慈孝,有《诸儿令》为证:"今寿春、汉中、长安,先欲使一儿各往督领之,欲择慈孝不违吾令儿,亦未知用谁也。"曾国藩成长于内忧外患的清末,他并不消沉,反而坚持每日读书,确立人生志向,他创立的家风,灌溉了曾氏一门。

曾几何时,中国共产党内有人迷失了方向。习近平总书记果断地从家风切入治党治国。他屡次倡导家风,在十八届中央纪委六次全会上更是强调:"每一位领导干部都要把家风建设摆在重要位置,廉洁修身、廉洁齐家,在管好自己的同时,严格要求配偶、子女和身边工作人员。"与此同时,学校和剧院、报纸、电视、网络紧密配合,家风宣传一浪高一浪,传承好家风成为人

---

① 刘继兴:《抠门宋太祖的慷慨》,《中学生百科·成长》2012年第03期。

② 《道德经·十八章》。

心所向。

2. 上者修身是传扬好家风的关键

独木难成林，怎样才能让家风郁郁然成党风民风呢？火车跑得快，全靠车头带，这句俗语抓住了关键。老子说，“太上，下知有之；……其贵言。功成事遂，百姓皆谓‘我自然’”。意思是最好的统治者人民只知道他的存在……他很少发号施令，事情办成了，老百姓说我们本来就这样。孔子讲，“其身正，不令而行”。意思是统治者自身行为端正，不下命令人民也会去做。

要让人民做到，领导人必须先行，先贤的话与俗语异曲同工。

中国的古代帝王多重家风家教。汉高祖刘邦没读过几本书，字写得不好看，可他重视子女教育，他在《手敕太子文》里训诫儿子说：“现在看到你写的字还不如我，你要勤奋学习，每次上奏疏都要自己动手书写，不要让别人代劳。”清康熙皇帝在《庭训格言》里教育后辈说：“人谁能不犯错误？只是有了过错，人们大多不愿意承认。我就不是这样，平常和人闲谈偶有因自己遗忘而错怪他人的事情发生，事情过后，我一定会主动认错。”

毛泽东、刘少奇、周恩来等老一辈无产阶级革命家心怀国家心系百姓，高风亮节严于律家，是弘扬优良家风的典范，这毋庸赘言。但中国古代的帝王，他们受时代所拘，视域和境界都不能与之并论，为什么也重视家风呢？

王者走下朝堂，卸掉面具，也是普通人，他是父亲、祖父、长辈，希望儿孙们忠孝、诚信、勇敢、勤学，因此，创建并传承好家风那是必须。作为雄才大略的帝王，更必须横刀立马，站立潮头，成为国家和社会的一面旗帜。睿智的王者谙熟民心，懂得带头大哥进德修身是家风在民间浩荡的源头。

从动物学角度看，一国之君要当进德修身的带头雁、领头羊。带头雁最有力量最有经验，它扇动翅膀，带动气流，就会在旁边产生一股上升气流，后边和旁边的大雁飞行中受到的空气的阻力就会小，带头雁决定着雁队的前进方向、精神状态和前途命运；领头羊体格最健，跑得最快，听力最好，思维最敏捷，眼观六路耳听八方，它身先士卒，披荆斩棘，带领群羊一路向前。

从心理学角度看，一国之君进德修身能满足社会的平衡心理和看齐心理。“天之道，损有余而补不足”，自然之道讲究的是平衡，平衡才能稳定和谐。中国人在看待个人荣辱得失时，也讲究心理平衡。官与民高下悬殊，是一种不平衡，上者释放善意，让出利益，做出牺牲，率先垂范，就会让下者得到一种心理平衡。上级尚能……我们为什么不？从而增强归附心顺从意。

有个成语叫见贤思齐，向高人看齐的心理具有普遍性。鲁迅的《秋夜》有段文字：“在我的后园，可以看见墙外有两株树，一株是枣树，还有一株也是枣树。”通常认为是病句，但鲁迅是文豪啊，有人则结合时代背景分析出微言大义。名流写了错别字也会传为佳话。杭州西湖“花港觀魚”是康熙御笔，魚下本来是四点，却写了三点。有人解释，旧时四点代表火，鱼能在火上烤吗？康熙有好生之德，有意去掉了一点，让三点成水，鱼欢于水。所以上位者进德修身对民众意义非凡。

三角形具有稳定性。弘扬家风有“政府政令＋社会舆论”为保障，有领导人一马当先为表率，三足鼎立，何愁大事不成？人人修身、家家进德，好家风、好党风、好国风蔚然成风。

（四）党员干部君子，家风不可或缺

1. 积重多烦忧，挥剑斩顽疾

河南是中华思想文化的摇篮。黄帝都新郑、白马驮经文、孔子游列国、包公铡奸佞一幕幕从眼前走过，甲骨青铜、秦砖汉瓦、唐风宋韵、四大古都矗立起一座座文明殿堂。在这块热土上，孔子向老子求教怎样克己复礼，《周易》《道德经》开创了天人合一思维方式，百家争鸣奠定了中华哲学根基，“合和”二字凝聚了群体与和谐核心价值观，宋代儒学提出了“为天地立心”的君子高标。尽忠报国、廉洁守信、舍生取义，无数的君子圣贤在星空穿梭。

中原是中国的腰椎，腰椎无力就四肢松垮。靖康耻，中原文明殿堂呼啦啦塌陷，君子文化元气大伤，南宋崖山后，君子之风更加疲软；经历了无数个月落日升盛衰消长，君子价值一度又一度回归，成为社会的理想追求。不过，摧枯拉朽的“五四”新文化运动，从西方拿来了科学与民主，捣毁了孔家店，撼动了传统价值的根基；新中国成立后万象更新，雷锋精神和焦裕禄精神，启迪了干部大公无私的心智，绽放了公民仁善的花蕾。但10年“文化大革命”又将君子道德打翻在地。

改革开放是中华民族从站起来到富起来的分水岭，然而，引进西方先进的科学技术的同时也让西方极端个人主义乘虚而入，本就风雨飘摇的诚信思想和公仆观念顿时溃不成军，导致不少党员干部私欲增长，以权谋私无法无天。当时有一种奇观，理论宣传和大小会议上号召讲正气树新风，社会上却流行潜规则，一些官员在电视上一本正经，在社交场所却灯红酒绿，大大降低了共产党人的公信力和美誉度。

君子渐远，君子风骨破碎，这是长期教育缺失造成的。鲜果变质是一点一滴地腐烂；人体生病，是先腠理再肌肤、肠胃，最后病入膏肓；唐玄宗遇见了杨贵妃，春宵苦短日高起，从此君王不早朝，才爆发了安史之乱；长久地忽视道德诚信，才使毒奶粉、地沟油、瘦肉精泛滥，各种诈骗横行。香港回归了，中央政府承诺香港的资本主义制度和生活方式等50年不变。世界上哪有绝对的不变啊？可我们竟真的不让国家观念、爱国教育、社会主义教育跟进，香港犹如一个独立王国，最终酿成了香港暴乱。

奢靡腐败以权谋私到了最危险关头，必须重拳出击廓清顽疾。2012 年 12 月 4 日，中共中央政治局审议通过了《关于改进工作作风、密切联系群众的八项规定》，为的是通过开展群众路线教育实践活动，反对形式主义、官僚主义、享乐主义和奢靡之风。“八项规定”是一个切入点，从车轮下的浪费到舌尖上的铺张抓起，拉开了党内从我做起，严打贪腐，老虎、苍蝇一起抓的反腐败大幕。在高压态势下一只只大老虎不断落网，党内犯罪的境况叫人瞠目。据 2018 年中纪委网站消息，中央“八项规定”实施 6 年，有 206428 人受党纪政务处分。2023 年有 61 万人受党纪政务处分，其中省部级 49 人，市厅级 3144 人。

2. 好家风是防止腐败的良药

妻贤夫祸少，妻廉夫荣耀。男主外，因为壮健与刚猛耐受风云的激荡和社会的砥砺；女主内，因为纤柔和细腻擅长经营家庭。不过，有的妻子爱攀比，有攀比就有伤害，一攀比失衡之念就像野草一样疯长，疯长的野草撩拨着女人，会让家庭之基摇晃。近年来，夫妻档、父子兵、兄弟连的家庭腐败现象如乌云翻滚。官员腐败，除了少数贪婪荒淫成性的，不少的权钱交易都是栽倒在亲情上。任你平时义正词严，老婆枕边风一吹，精钢顿时化为绕指柔；任你信誓旦旦，儿女一撒娇一吵闹，瞬间就冲垮了原则的闸门。

不能齐家何以安天下？战国时期，我国城市的城墙分内外城，内城叫城，外城叫郭，“筑城以卫君，造郭以守民”。后来的皇城有三道城池，层层叠叠，层层防护，最内的城墙最重要，能防止祸起萧墙。好家风就像皇宫的内城墙，夯实了家庭从内部溃败的堤坝。

家是缩小的国，国是放大的家。家国一体、中央集权的政体制度造就了党风国风就是放大的家风的现状。不过，一个家庭风清气正只能培育三五个谦谦君子，全党全国风清气正，社会才能安稳和谐。

好党风如旗帜，指引全国和衷共济；好党风犹画角，激励大众跟党走。1934 年 11 月，湖南汝城县沙洲村有 3 名女红军借宿徐解秀家中，临走时她们把仅有的一床被子剪下了一半留给老人，这就是著名的“半条被子”的故事。徐解秀老人说：“什么是共产党？共产党就是自己有一条被子也要剪下半条给老百姓的人。”朴实的话语浓缩出军民融融如鱼水、红色党风沐人民的道理。2016 年 10 月 21 日，习近平总书记在纪念红军长征胜利 80 周年大会上告诉全党：“半条被子”说明，“同人民风雨同舟、血脉相通、生死与共……是我们战胜一切困难和风险的根本保证”。

自然界讲究平衡之道，社会形态也是。绘画分形似与神似，朝堂设文臣和武将，治国有民主法治，外交靠合纵连横。铲除腐败需要一套文武组合拳，好家风与达摩克利斯剑就是一文一武。

什么是达摩克利斯剑？公元前 4 世纪，国王狄奥尼修斯请宠臣达摩克利斯赴宴，达摩克利斯头顶上有一柄利剑只是用一根马鬃悬挂着，达摩克利斯吓得落荒而逃。实话说，达摩克利斯剑虽能震慑群魔，但只是治表，只是让人暂时不敢为恶，而斩恶念、斩恶行就像割草，一茬茬风吹又生，因为根脉还在，贪婪之心不死。铲除其滋生的土壤，净化心灵才是治本。在治本途中加强学习、锤炼思想是纠偏，让好家风弘扬，让诚信敦厚的家庭温情拨动心弦，是真正的固本培元，这是一剂良药：君臣佐使、滋阴补肾、温情脉脉，与雷霆万钧般的党纪法规相辅相成。

十、君子风骨，中华脊梁

每一种事物都有特别杰出的，嵩岳镇守中原，北斗指引方向，啄木鸟为树木友情除虫，四梁八柱支撑雄伟壮丽的殿堂。

君子如嵩岳，如北斗，如啄木鸟，如四梁八柱。他们诚信忠厚，播撒文明，友善正直，为国为民勇于牺牲自我。君子为民族铸灵魂，为历史添华彩。

共产党人是新时代的君子，要取之于蓝而青于蓝，要做大众的先锋模范，要为中华民族再度崛起弄潮奉献。

（一）钟灵毓秀凝聚君子风骨

1. 中华精气神滋养君子风骨

什么是精气神？很玄妙抽象，简单说是构成宇宙和万物的精微的物质，精是生命的源泉，气是维持生命的动力，神是健康生命的体现。精气神对自然界和任何生命个体及群体都至关重要。精充气就足，气足神就旺。反过来，精亏气就虚，气虚神就乏。

天地万物的平衡和谐靠精气神。精有先天与后天，先天之精是宇宙和生命的本源，是禀赋，如天地的日精月华、人类的父精母血；后天之精靠运动、靠吐故纳新而来，不同的体质个性气质，所得迥然不同。天地因不停地矛盾运动，而洋溢着丰沛的精气神才达到阴阳顺畅：天行健，负阴而抱阳砥砺前行，冲气以为和自强不息；地势坤，厚德载物，它胸怀博大融汇万物，能承载阳光雨露雷电风雨，能孕育万物繁衍成长。这是大自然的规律。

中华精气神是什么？是自强不息、厚德载物、天人合一、家国和谐等。它来自中华民族在独有的历史轨道里的演进和不屈不挠的奋斗。二程说，“天地人只一道也”[①]。人类规律反映了自然规律。从存在决定意识看：人类同属一块天空，却不同属一块土地。造物主眷顾我中华，崇山峻岭让虚怀若谷，莽莽草原让豪放坦荡，沙滩海浪让细腻温情，更有辽阔的大中原，让视野开阔、习俗相近，靠天吃饭的农业让人与天相连，各路诸侯在中原逐鹿，在中原统一。从主客观融汇角度看：是人让山川河流有了情感，让中华风物产生了思维与价值，中华精气神是民族与风物的结合。儒家讲仁爱，墨家讲兼爱，道家讲天地与我并生，这是中华常青树上的碧绿甘甜的生命果；整体思维、群体和谐、民族凝聚、家国一体、不怕牺牲等，就是中华民族独有的精气神。

什么是君子风骨？刘勰《文心雕龙》里说，“怊怅述情，必始乎风；沉吟铺辞，莫先于骨。故辞之待骨，如体之树骸；情之含风，犹形之包气。结言端直，则文骨成焉；意气骏爽，则文风清焉”。大意是内容骏快鲜明、文辞挺拔劲直可谓诗和文的“风骨”。风骨拿来喻人，就指刚正的气概，顽强的风度气质。君子风骨是指君子个性突出、气节刚烈，风采与众不同。

君子风骨为什么会产生？君子根植于中华大地，在中华天材地宝的滋养下，君子像梅菊傲霜斗雪，像兰竹高品亮节。家国一体让君子忠孝诚信，仁爱兼爱让正人侠义助人，群体和谐让士大夫众志成城。穷则独善其身，达则兼济天下，是君子的仁爱胸怀

① 《二程遗书》卷十八。

由孝到忠、由家到国延伸的脉络;“富贵不能淫,贫贱不能移,威武不能屈”是大丈夫坚定意志的写照;“国家兴亡,匹夫有责”是志士仁人为国为民奉献牺牲的担当;“为天地立心,为生民立命,为往圣继绝学,为万世开太平”是君子风骨的最高境界。

君子风骨不是一个个雕像,而是一片片群雕;不是点点星辰,而是满天星斗,是一个又一个照耀今古的英雄群体,是中华民族意志精神所在。

魏晋时天下大乱,曹操挟汉献帝以令诸侯,司马昭害人之心路人皆知。但魏晋名士胸襟阔达,敢率性批判。曹子建讥刺魏文帝曹丕,陶渊明不为五斗米折腰,“建安七子”用诗歌直笔民痛,“竹林七贤”醉卧山林不与虚伪的司马朝廷配合,且用“非汤武而薄周孔”影射司马懿篡位①。魏晋风骨林立着独立特行的铮铮君子。

“我渴望自由,但我深深地知道,人的躯体怎能由狗的洞子爬出!我希望有一天,地下的烈火将我连同这活棺材一起烧掉,我应该在烈火与热血中得到永生。”叶挺的《囚歌》抒发了爱国与奉献心志,是红岩精神一叶。1949 年新中国成立前夕,国民党反动派屠杀了渣滓洞、白公馆里 300 多名革命者,江竹筠、黄显声、罗世文、车耀先、陈然等共产党人宁死不屈,江姐狱中绣红旗、成岗刻印《挺进报》、小萝卜头凝望狱窗外自由的蝴蝶等画面,至今栩栩如生。红岩精神的根基就是舍生取义的君子风骨。

“为有牺牲多壮志,敢教日月换新天。”毛泽东这两句诗宛如为林县人民奋不顾身地开凿红旗渠而写。1960 年,林县十万大军入太行建红旗渠,一锤一钎一双手,苦干十春秋,铲平 1250 座山

① 鲁迅认为,嵇康因影射司马懿篡位而被司马氏杀害,见《而已集·魏晋风度及文章与药及酒之关系》。

头,架设151座渡槽,开凿211个隧洞,硬是让悬崖峭壁上横亘了一条1500公里长的人工天河。哪里有危险,共产党员、共青团员和民兵战士就冲向哪里,先后有81位干部群众牺牲。“劈开太行山,漳河穿山来”,红旗渠精神是民族凝聚的精神,是自强不息的君子风骨,其巨大影响力震铄古今。

中华精气神滋养了君子风骨,君子风骨反哺了中华精气神。

2. 风骨君子提升中华精气神

黑夜要红日来破晓,邪恶要霹雳来震散,身染沉疴需下虎狼猛药,中华精气神要保持丰沛饱满必须由风骨君子提振升华。

社会阶段不同,中华精气神也不一样,它随着时代的主旋律变换形态,或金戈铁马、或欢歌跳跃、或慷慨悲壮、或痛苦沉吟。秦朝是一扫六合,盛唐是高歌猛进,南宋是爱国炽热,元代是鞭挞针砭。时代精气神支撑着社会的发展进步,然而,时代精气神靠什么支撑呢?靠整个社会运转提供源源不绝的水谷精微。

野火燎原虽然气势滔天,却离不开火种;万马奔腾虽如洪流滚滚,却靠头马导向;时代精气神要想不时地迸发异彩,就要有绵绵不绝的众人拾柴,特别是要有绵绵不绝的风骨君子以生命之力在关键时刻爆发出响遏行云的呼啸以激发民众的阳刚。

风骨君子是君子群体中的一支,他们品格高端,洞幽察微,会携手光明,会呵斥时弊,会傲然乜斜,很多时候是不顾一切地披荆斩棘,燃烧自己。秦孝公时商鞅强行推行变法,竟不惜得罪阻碍变法的太子嬴驷,割掉了太子的老师公子虔的鼻子,商鞅变法让秦国强大起来,自己却作法自毙,被秦惠文王(嬴驷)车裂而死;李陵被迫投降匈奴后,汉武帝杀了李陵全家,朝堂上大臣们一个个明哲保身,唯独司马迁挺身替李陵辩解,惹恼了汉武帝,判处他宫刑。为写《史记》,司马迁忍受着奇耻大辱,卧薪尝胆,终成史家之绝唱;李白主要生活在开元盛世,他的诗极其狂放地描画了盛唐气象和壮美河山。是主角就必须胆气张扬，他“五花马，千金裘，呼儿将出换美酒”，他冒着被赶出长安城的风险，叫高力士脱靴，唤杨国忠磨墨，让李隆基御手调羹，天下无不为之浮一大白；1928年，安徽大学校长刘庆典因学潮事件与蒋介石争吵，蒋责令他处理闹事的学生，刘严词拒绝。蒋恼羞成怒训斥刘是土豪劣绅，刘毫不示弱当即回敬蒋是新军阀，气得蒋介石连声说要枪毙他。[1]刘庆典的壮举导致他被抓进监狱，也使他成为民国狂人，北大和清华争抢要他这个香饽饽；“文化大革命”中，道理遭扭曲，社会乱了套，读书人看不懂，侠义道也懵圈，哪里是出路？路漫漫其修远兮，老舍跳了太平湖，闻捷打开了煤气阀，罗瑞卿从楼上一跃而下……他们怀着对党和人民的忠心，以毁灭生命来唤醒生者的对于血与火的思考，他们或死或残，以惨烈的风貌为历史演进、中华精气神积蓄献上了一份祭品。

风骨君子的特征就是骨头硬，心坦荡，敢捋虎须，敢杀身成仁，即便刀斧加身，眉头也不皱。嵇康被杀那天，临行刑前他索要一张琴，当着给他送行的三千太学生的面，最后演奏了绝世名曲《广陵散》。琴音在他的指尖跳跃，一会儿舒缓沉稳，一会儿落寞苍凉，一会儿急促低啸，一会儿矛戈撞击。全场无不叹息。嵇康从容就戮，只传来他一声慨叹：“《广陵散》于今绝矣。”风骨君子是英雄，英雄的心志都无比坚定，1963年11月18日，欧阳海在铁道上推惊马，火车呼啸而来，他双脚如磐石；2016年5月18日，王锋连续三次冲进火海救人，自己大面积烧伤还勇往直前；2021年11月12日，陈建军为救跳楼的轻生女孩儿，虽眼瞅她已经跳起，仍奋力一扑没有丝毫犹豫。

风骨君子很独特，平时可能不显山不露水，要紧时刻迸发出

---

① 张玉政：《当面斥蒋“新军阀”》，《全国新书目》2009年第5期。

万丈豪光。如果说朴实无华的君子是民族精英的基础，风骨君子就是民族精英的拔尖，如果说朴实无华的君子让中华民族精气神厚重，风骨君子就让中华民族神采张扬，如果说朴实无华的君子携手民众一步一个脚印地推动了历史，风骨君子焕发的精气神则能叫那段历史绮靡浏亮。

（二）丫头不是鸭头：君子风骨与贵族精神辨

1. 形貌略相似，品质真不同

中国的君子风骨和欧洲的贵族精神能不能相提并论呢？有人认为二者基本等同，实际上相差好远。

他们肯定多有相同：比如重尊严、有坚守、不怕死等。鸿门宴上，项羽不趁机击杀刘邦，错失了良机，让刘邦成了气候。明人不做暗事，这是项羽的坚守；泓水之战，宋襄公不趁楚军渡河时偷袭，导致了自己重伤惨败。不乘人之危，这是宋襄公的原则；鲁哀公十五年，子路为了救孔悝与敌人搏杀，他放下刀剑整理歪斜的帽子而被砍成了肉酱。“君子死而冠不免”，这是子路的尊严。

法国路易十六的皇后玛丽·安托瓦内特原来是奥地利的女大公，贵族品质深入骨髓，当法国大革命浪潮澎湃、她丈夫路易十六的政权将被推翻时，她誓死反抗，捍卫了皇后的尊严。1793 年 10 月 16 日，她被推上断头台，不小心踩到了刽子手，连忙道歉：“对不起，您知道，我不是故意的。”这种优雅、死也死得尊严的特质是贵族的本能。不由得让人想起中国的杜十娘。杜十娘是青楼女，却有君子风骨。她在以其整个身心追求的爱情被李甲背叛而万念俱灰时，“脂粉香泽，用意修饰，花钿绣袄，极其华艳，香风拂拂，光彩照人”，留存了死前最后的美丽，她手持百宝箱义无反顾地投入滚滚大江。

这些生动形象的相似只是事物的表象，而高低长短、丰俭凸凹的差异才是君子风骨与贵族精神的本质。

一是形成主体不同。

先秦时候，中国的君子与西方的贵族相仿，多指皇亲贵胄。像战国四君子：信陵君是魏昭王的儿子，平原君是赵武灵王的儿子，孟尝君是齐威王的孙子，春申君担任过楚国丞相。之后，郡县制与不断的改朝换代，以及农民大起义打破了天潢贵胄的传承血脉，“王侯将相宁有种乎?”——揭竿而起的陈胜大声疾呼呼应了贵族君子传承的终结，孔子倡导的君子平民化同儒家的伦理一样成为社会的主调。拯救赵氏孤儿的程婴、救婆婆而屈死的窦娥、陋巷读书安于清贫的颜渊，他们是门客、孝媳、书生，放眼平民化君子，如海滩拾贝五光十色。

西方贵族是少数精英，他们有高贵的血统、煊赫的门第、森严的等级，主要靠世袭。名门望族是西方贵族的孵化器。著名的哈布斯堡家族支系繁多、开枝散叶、遍布欧洲，从 11 世纪初建立哈布斯堡到第一次世界大战止，这个家族绵延近千年，诞生了众多的君王皇帝，掌控欧洲八百年。卡佩家族、美第奇家族等都强悍且悠久。

二是文化基因不同。

道家的天人合一催生了中国人的思维方式，儒家的道德伦理规范了中国人的行为方式，儒道精髓早已化为骨骼血肉，塑造了中华民族的气质风采。“天行健，君子以自强不息。”茫茫天体一直在阴阳博弈中运转，不屈不挠，老子撷取天地大道一枝给了风骨君子精神支柱；“天降大任于斯人也，必先苦其心志，劳其筋骨，饿其体肤。”社会如江湖，风大浪高多艰险，孟子透过天人相通视角告诉君子必须淬炼身心。

不管圣人贤哲、贩夫走卒，要想塑君子风骨大都要历练苦难。

傅说原来是泥水匠，被商王武丁找到拜为丞相，成就了武丁中兴；姬昌被纣王关在羑里城监狱，在大牢里把八卦推演成了六十四卦《周易》；百里奚尤其命蹇，虞国灭后成了晋国的陪嫁，逃到宛地又做了楚国的奴隶，最后才被秦穆公用5张羊皮换回，助秦穆公成就了霸业。

西方贵族的文化基因是高贵的血统和家族的教育。贵族分公、侯、伯、子、男五等，他们是天生富贵命，哈布斯堡家族那么多的国君和大公，一出生就肩负着使命与责任。与之相匹配的才华、胆略和风范，从哪里来？主要靠家庭家族的教育。传承数百年的王侯家族的底蕴可不容小觑，忠诚勇敢、社交礼仪、击剑骑马、琴棋书画等，要风有风要雨有雨，塑形贵族精神游刃有余。贵族训练还有一门课程是吃苦磨砺，同中国的“劳其筋骨，饿其体肤”相似，只不过是有意为之。莫里哀的喜剧《伪君子》中，没落贵族答尔丢夫是一个伪装虔诚的恶棍，他为了骗取富商奥尔贡的信任，道貌岸然，每天假装用皮鞭抽打自己，吃苦功课做得很足。

三是价值观念不同。

西方贵族的脑子里多是以我为主的个人价值，他们的行为方式或者是出于贵族精神的本能或者是全凭情感的好恶，不少时候与国家意识民族大义无关。王子哈姆雷特杀死自己的叔叔是为父王和母后报仇，走火入魔的堂·吉诃德把风车当巨人、把羊群当敌人与之大战是觉得贵族骑士就应该勇敢尚武。

中国君子的行为方式激荡着家国情怀。为救护赵氏孤儿，程婴、韩厥、公孙杵臼等一个个甘愿赴死——是忠臣；窦娥为救婆婆蒙受了天大冤屈被砍头：“我要不死啊，怎么救的你啊！”——是孝媳；名妓杜十娘有情有义，为从良，她替李甲拿出了一半赎金，她想把百宝箱做嫁妆给李甲挣脸面——是贤妻。

所以,为了实现自我价值,贵族可以率性而为,不考虑别人的评价。美国南北战争中,南军统帅罗伯特·李将军,他的父亲亨利·李是独立战争时的名将,贵族的担当精神与恻隐之心在罗伯特·李身上光芒四射。他反对分裂战争,可为了不让南方同胞被屠杀,毅然与南方同胞同生共死,把林肯统帅的北军打得落花流水。几年后,他不想看着同胞不断流血,不顾战友们的劝阻,又毅然选择谈判投降。他没有高大上的理想追求,全凭个人责任和恻隐之心。《泰坦尼克号》里那位琴师和乐队,沉船前一直淡定地为将要赴死的人们演奏,以安抚混乱,直到水没头顶,他们不图什么,是贵族的担当驱使。他们的担当、责任与君子的“义”不同。关羽华容道义释曹操,是报千里走单骑时曹操上马金下马银的恩;诸葛亮七擒孟获不杀,是为招降他好共襄大业;中国核潜艇之父黄旭华隐姓埋名三十载,没有回家,非不为也,实不能也,是君子的牺牲小我、国家为先的儒家情怀。

2. 增强文化自信,东风就是东风

君子风骨与贵族精神不在一个层面。君子风骨是道家整体思维方式孕育,是儒家仁学滋养,是中华天地山川的禀赋,是中华精神的光芒。立体多元的平民化的君子群体成为中华民族的骄傲。贵族精神能够屹立欧洲经久不衰,成为楷模为人称道,也自然有其生存的道理。不论是君子风骨还是贵族精神,都与它所在的地域、时代、思维方式、民族特性等联系紧密。

中国是整体思维,重天人合一,重群体和谐,重家国一体,重以民为本。马厩着火了,孔子问“伤人乎?”不问马,这就是以民为本。人民与国君哪个重要? 孟子认为“民为贵,社稷次之,君为轻”,这就是以民为本。家国一体和以民为本的土壤产生了具有家国情怀的君子风骨;西方是逻辑思维,重自由民主,重以个人为本。古希腊各个城邦被大海环绕、被高山阻断,小国寡民相对封闭，难以中央集权，形成了五花八门的政体制度。怎样在城邦之间的血拼中生存发展张扬个性？需要广开公民言路献计献策；怎样让海上贸易更加顺畅繁荣？需要最广泛的民主自由。古希腊的民主自由像一粒火种，点燃了中世纪后欧洲焚烧禁欲主义的熊熊烈火，个性张扬的贵族精神与以个人为本的自由民主血脉相通。

不是西方的月亮最圆，我们不可妄自菲薄。

历史上，中国很多时候都春和景明，并没妨碍世界各国鲜花怒放。春秋战国与古希腊、古罗马处同一时期，中国的孔、孟、老、庄踩着中原的黄土地，以天人合一的视角探讨宇宙生成、社会伦理。古希腊的苏格拉底、柏拉图和亚里士多德踏着爱琴海的浪花，以缜密的逻辑奠基了西方哲学；关汉卿与莎士比亚一前一后，关汉卿以如椽大笔勾勒了元代官场黑暗，歌颂了底层人民的善良崇高，让中国戏剧昂首阔步登上了世界剧坛之巅。莎士比亚游刃有余地描绘了英国封建制度走向衰落的情景，揭示了资本主义原始积累的丑陋，是欧洲文艺复兴时期人文主义的卓越代表。两人一时瑜亮，照亮了东西方。

就像在昨天一样，中国创造的文明红利让世界享受。“扶桑已在渺茫中，家在扶桑东更东。此去与师谁共到，一船明月一帆风。”韦庄的这首《送日本国僧敬龙归》留存了与日本遣唐使惜别的情怀。辉煌的盛唐吸引了一批批的日本遣唐使来学习中国文化，回国后，他们模仿汉字创造了日本文字，以儒家忠孝为基本构建了日本的中央集权，模仿唐朝长安城建造了日本奈良城；北宋时期，开封城流光溢彩人口百万，伦敦才有一万多人，纽约还不知在哪里。宋朝无与伦比的科技发明是饕餮大餐，“火药、指南针、印刷术——这是预告资产阶级社会到来的三大发明。火药把骑士阶层炸得粉碎，指南针打开了世界市场并建立了殖民地，而印刷术则变成新教的工具。总的来说变成科学复兴的手段,变成对精神发展创造必要前提的最强大的杠杆。"马克思的这一论断就是明证。①

习近平总书记说过一句很幽默的话:"宽广的太平洋有足够的空间容纳中美两个大国。"地球那么大,东西方文化互有优势完全可以比翼发展,世界各国可以百舸争流,中国文化和西方文化不是竞争中的你死我活,更不应该西方独大。独特的文化传统、独特的历史命运、独特的基本国情,注定了中国必然走适合自己特点的发展道路。

君子风骨是中华独有,受中华血脉滋养,贵族精神可以拿来借鉴补充,决不能拿来生吞活剥。东风就是东风,中国就是中国。

(三)超越古代君子,挺起新时代中国脊梁

1. 君子风骨挺起中华脊梁

从先秦到民国,从贵族君子到平民君子,圣贤高哲、民族英雄、忠臣孝子、民间好人……有的曲高和寡,有的平凡家常,有的统兵御敌,有的是街坊邻居,或青史留名,或默默无闻。都可歌可泣,被人敬仰。

说起民族英雄,苏武、史可法算吗?一般认为不算,因为中华民族是个大家庭,历史上汉族与少数民族的争斗是兄弟阋墙。也有人说算,因为要有唯物史观。历史上的中原王朝就是中国,苏武忠于汉朝,史可法誓死抗清,他们就是国家英雄民族英雄。不能因现在是多民族大一统就否定历史,不然李陵也不是叛徒,气节何在?伦理何在?虽然我们现在是多民族国家,可是中国历史是以汉民族为主的历史,历代王朝的主干是中原王朝,周边少数民族游

---

① 马克思:《机器。自然力和科学的应用》,人民出版社 1978 年版。

牧居多，正是历史上的无数次抗击游牧民族的侵略，中华民族主干才得以沿袭，中华文化传统才得以传承。即便少数民族入主中原，也都被中原文化同化，否则现在就不是中国，不是中华民族了。若按兄弟阋墙的理论，苏武、史可法等不是民族英雄，那么，等到世界大同时，包括郑成功、戚继光在内的所有的中华民族英雄都不复存在，中国的历史也就烟消云散了。

有一支歌，词很美："丰收果里有你的甘甜也有我的甘甜，军功章啊有我的一半也有你的一半……"如果说中华文明的伟业是一枚香气扑鼻的鲜果，人民的劳动创造是果肉，古今君子流的汗、流的血就是果汁；如果说中华民族的奋斗历史是一枚光闪闪的军功章，人民的埋头苦干是军功章上的壮美图案，古今君子的叱咤风云就是图案上的斑斓七彩。

中华文明的发展深邃浩远、波澜壮阔，是世界上唯一没有中断的古文明，因为中华文化太自强不息了，对任何外来文化，都或将其改造或将其同化。说到底还是中华民族太自强不息了，对任何外来侵略，都反抗到底。我们史海钩沉、沙里淘金，将中华历史文化浓缩成一个人的身躯，帝王将相和各级官府是首脑、心脏和器官，负责吐纳、运筹、组织与协调等活动；人民群众是骨骼、经络和血肉，建构起生命形态，提供坐卧起居、言谈举止和劳作创造的能力；而各路五光十色的君子就是脊梁，脊梁让中华民族挺起，让中华精神生生不息。

中华历史是一部皇皇巨著，有从弱到强的发展脉络，有剑拔弩张的各类斗争，有炫人眼目的重大事件，有引领世界的发明创造。人是所有的主体，君子更是其中一支灼灼的群体。蔺相如迫秦王完璧归赵、使廉颇负荆请罪，关云长千里走单骑送皇嫂、华容道放走曹孟德，感"仗义每多屠狗辈"的曹学佺国破自杀，作《背影》的朱自清宁可饿死不吃美国的救济粮。他们兰竹的节操、若谷的胸怀、不屈的意志、赤子的忠心，荡气回肠。

文化、文明、儒家、道家……都是纸上谈兵理论纵横，如果没有人的活动，没有金戈铁马和花前月下，以让老百姓喜闻乐见，再好的理论也很难“旧时王谢堂前燕，飞入寻常百姓家”，化为老百姓的记忆。你知道周文王推演《周易》时忍受的心灵折磨吗？残暴的殷纣王把西伯侯姬昌（后来的周文王）关押在羑里城监狱里百般折磨，还把姬昌的大儿子伯邑考剁成肉饼逼姬昌吞食。[①] 姬昌卧薪尝胆，牢狱 7 年，硬是把伏羲的八卦推演出了六十四卦，成就了中国人的永恒的经典《周易》。你知道朱生豪翻译莎士比亚作品是为咱们中国人争气吗？1936 年，听到有外国人说中国没莎士比亚全集译本，中国没文化，朱生豪勃然大怒、提笔入行。1937 年日军进攻上海，译稿两次被毁，他三次重新开始，他拼命燃烧自己，直到 1944 年被肺结核夺走生命，他非常遗憾地说：“早知一病不起，拼着命也要把它译完。”他只活了 32 岁，但他的 31 部莎剧译本，如大理石明亮、小溪水流畅、刀锋般犀利、诗歌样芬芳，特色卓然，无人超越。

中华文化一次次的创造，经历了很多血与火的淬炼、刀尖上的跳舞。一代又一代的灼灼君子，让中华民族脊梁坚挺。有了他们，中华历史串起来磅礴，捧起来厚重，读起来泪目，思起来火热。中华历史因君子风骨更大气磅礴，中华文化因君子风骨更感人肺腑。

2. 共产党人要超越古代君子

按照进化论规律，时代进步社会发展，人也不断进步不断发展。前辈君子挺起了中华民族的脊梁，今天共产党人应该超越前代，优秀人物应该如碧海潮生，如漫天彩霞。但是有些人不仅没

---

① 许仲琳：《封神演义》第十九回《伯邑考进贡赎罪》。

进化超越，反而蜕化堕落。作为人的自然属性，古人今人七情六欲相同，今人不见得比古人睿智，共产党员不见得比古代君子高明。如果没有崇高的人生目标，少学习、不自律，很容易被旁门左道诱惑，被江湖恶浪卷入深渊。

道可道，非常道。君子所以称为君子，缘于他们是非寻常之人，是那个时代的道德典范。有人说："夫妻不到离婚你看不到本性，兄弟不碰金钱你看不到嘴脸，儿女不到病态你看不到孝子，只要不碰利益，所有人都是好人。"而风骨君子却能够在重大利益面前神态自若地舍弃，在家国危亡、民众遭难、水火无情、天崩地裂时，敢于擎天撼地赴汤蹈火。孟子谈君子的至高境界时说："生亦我所欲也，义亦我所欲也；二者不可得兼，舍生而取义者也。"[①]——为大义赴死心甘情愿。

很难吗？是。对吝啬鬼来说损失利益如割肉剜心。《威尼斯商人》中的夏洛克，听说女儿一晚上花了 80 块钱，如末日来临，"你把一把刀戳进我心里！"见到安东尼奥因货船沉没还不上高利贷了，恨不得马上去割他身上一磅肉。

很难吗？也不是。2019 年年尾，新冠病毒蹂躏武汉，一个个鲜活的生命扑倒，全国 300 多支医疗队紧急驰援湖北，4 万多名白衣战士抛开家小逆行而上，共产党员们冲在前，夜以继日地阻击病毒，截至 2020 年 4 月 4 日，全国至少有 59 名医生护士倒在了抗疫前线。人民警察更是人民的保护神，洪水漫堤、烈火焚身、地震海啸、暴徒行凶，他们都与之搏斗悍不畏死，2021 年全国有 261 位警察牺牲，新中国成立以来，竟牺牲了警察 1.6 万人，金色盾牌，热血铸就，英烈的爹娘妻儿只能永远地在梦里呼唤着亲人。

天不变，道亦不变。时代变了，社会关系没变，社会伦理没

① 《孟子·告子上》。

变,人的情感没变,人的属性没变。君子人格烙印着儒家规范的核心内容,是长久积淀的精华,是抽象出来的具有普遍意义的要素。身为新时代的先锋,君子之道应该是共产党人基本的血脉品格。同全国人民的期盼比较,党员队伍参差不齐,君子人格像一面镜子,映照出了我们修养自律上的缺失。要想成为全国各族人民的引领表率,共产党人只有看齐并超越古代君子。

怎样才能做到呢?

一要多仁心。共产党人是仁者、智者、勇者和忠孝者。儒学的核心是仁,仁的外在形式是礼(智勇忠孝等外在的表现)。没有仁心,就没有智勇忠孝;没有智勇忠孝,仁心就不能昭示。有仁心才能不媚上不傲下,才能尊高年幼吾幼,才能为民谋划胸怀天下。一句话:仁是纲,智勇忠孝是目,提纲挈领、纲举目张。

二要坚信念。苏武北海牧羊 19 年不肯投降匈奴,凭的是忠臣不事二主的执着;王宝钏寒窑苦等薛平贵 18 年,凭的是丈夫功成名就会来迎娶她的笃定;崖山战败,10 万军民紧随南宋小皇帝投海,君父遇难了臣子哪能苟活?这是忠孝的观念;砍头不要紧,只要主义真,这是共产党人夏明翰们的坚定信心。人无信念如无根浮萍顺水漂流,贪官们敢肆无忌惮地攫取,一个要素就是因为没有执政为民的信念。夜半三更盼天明,寒冬腊月盼春风,信念是黎明是春天。

三要强内功。孔子有句话“不学礼,无以立”,过去读来感觉很平常,不就是不学规矩难以处世吗?后来细想,不对,该有两层意思。一层是不学习不能三十而立,另一层是不学习立后也会重新倒地。一辆加满油的汽车,行驶途中会消耗燃油,沙尘、有害物质和剐碰会加快汽车破损,所以要加油,要喷漆、钣金、更换零部件,汽车才马力足、体健康、内功强大。人和汽车一样。共产党进北平后,毛主席强调了“两个务必”,就是给共产党人加油维修,以免被糖衣炮弹击垮；以习近平同志为核心的党中央提出了“八项规定”，也是给共产党人加油维修，以堵塞思想的漏洞。腹有诗书气自华，身怀超强的内功元气满满，就像一柄开了刃的宝剑，随时都能破匣而出、虎啸龙吟。

四要超卓越。共产党人要超越古代君子，具有超卓越的品质。《西游记》中的孙大圣的品质就十分卓越。西天取经途中，他逢山开路、降妖伏魔，见好人遭难必设法解救；他具有大视野，遇风吹草动，一跟头翻到九霄云外，将敌情尽收眼底，从不贻误战机；他听师傅唐僧的话却不愚忠，在西天取经大目标不变的前提下直言担当任劳任怨。品质如此超凡，因此所向披靡。共产党人超卓越的品质是什么？是“君子风骨 + 政治品格 + 国际视野”。君子风骨指仁义忠孝诚信等，这是中华民族的传承基因；政治品格指心系大众，紧跟中央，坦荡磊落，唯实不唯上，这是由党性决定的。中国共产党代表着国家和人民利益，必须听党话跟党走，讲真话敢担当，以人民利益为己任，不讲价钱地为人民服务，真诚奉献，敢于牺牲；国际视野指立足本土、放眼国际的大视野，不排外不媚外，将东西方的国情和文化融会贯通，在全球一体化的大环境下精准定位科学决策。

雄关漫道真如铁，而今迈步从头越。从头越，奋力越，去伪存真，就有可能鲤鱼跃龙门，脱胎换骨，开辟一片新天地；从头越，大超越，自强不息，中国共产党必将带领中华民族弯道超车，挺起新时代中国脊梁。

前程似锦，风翥龙翔！